AF610125

LE JUBILÉ

DU

MUSÉE GUIMET

VINGT-CINQUIÈME ANNIVERSAIRE

DE SA FONDATION

1879-1904

PARIS
ERNEST LEROUX, ÉDITEUR
28, RUE BONAPARTE, 28

1904

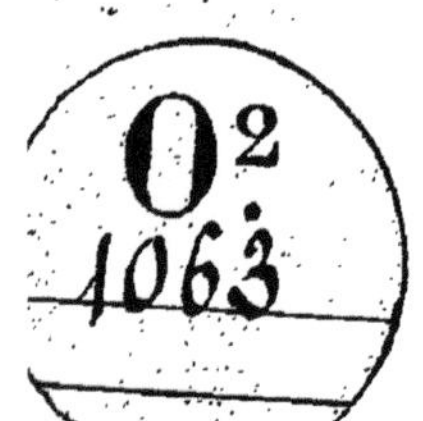

LE JUBILÉ

DU

MUSÉE GUIMET

LE JUBILÉ

DU

MUSÉE GUIMET

LE JUBILÉ

DU

MUSÉE GUIMET

VINGT-CINQUIÈME ANNIVERSAIRE

DE SA FONDATION

1879-1904

PARIS
ERNEST LEROUX, ÉDITEUR
28, RUE BONAPARTE, 28

1904

A l'occasion du vingt-cinquième anniversaire de la fondation du Musée Guimet on me fait des questions ; on me demande comment j'ai réuni cette collection et pourquoi je l'ai faite.

Pourquoi ? Je n'en sais rien.

Un beau jour je me suis trouvé à la tête d'un musée et j'ai été fort surpris.

Comment ? Je vais le dire.

En 1865, j'entreprenais, comme tout le monde, un voyage de touriste en Égypte. La vue des monuments, les visites au Musée de Boulacq, la lecture du merveilleux catalogue rédigé par Mariette, attrayant même pour les profanes, attachant comme un roman, les petits objets antiques qu'on se croit obligé de rapporter, tout cela avait ouvert mon esprit aux choses des temps passés et particulièrement aux croyances encombrantes dont les symboles se déroulent en Égypte sur des kilomètres de murailles.

Rentré chez moi, je fis faire une vaste vitrine à trois étages. En haut se développaient les riches étoffes d'Orient (faites à Nîmes), en bas les marqueteries, les cuivreries (venues de Trieste) et au centre, une sorte de pupitre vitré abritait religieusement quelques antiquités pharaoniques (fausses la plupart). Eh bien ! c'était déjà le Musée. Je ne m'en doutais, certes, pas. Cette vitrine primordiale est visible — sans difficultés — dans le bureau du conservateur adjoint.

Je me mis à bibeloter chez les marchands, à rechercher les

amulettes, les divinités trouvées dans les tombes égyptiennes et le pupitre central devint insuffisant. J'en fis faire un autre beaucoup plus grand et fort laid, épais, trop profond, sans lumière. Mais que d'émois et quelles admirations j'éprouvais en remplissant de mes trouvailles cet affreux meuble ! Pour le moment il est utilisé par les gardiens du Musée qui y mettent les catalogues et les photographies qu'ils vendent au public. C'est aussi un monument historique.

Peu à peu les figurines en terre émaillée, les dieux de bronze, les canopes d'albâtre, les stèles en calcaire, les statuettes de granit envahirent ma chambre à coucher où j'avais réuni mes souvenirs de voyage. Quelques papyrus sous verre et des copies à l'aquarelle de peintures tombales ornaient les murs. Un jour j'achetais une momie ; quelle joie ! Puis une autre. Pour gagner mon lit j'étais obligé d'enjamber les cadavres. Je changeai de chambre.

Les antiquités arrivant toujours ne tardèrent pas à me chasser de mon nouveau logement. Assez rapidement elles me poursuivirent de chambre en chambre, et quand la maison fut pleine je fus obligé d'aller habiter une construction voisine beaucoup plus grande et qui avait un pavillon avec billard.

Pour servir de socle le billard était indiqué. Il se couvrit de grandes statues, bronze ou bois doré, représentant les divinités de la Chine, de l'Inde et du Japon, car l'Égypte n'avait donné que les premières dents de l'engrenage.

Pour aller plus vite j'achetai des collections entières. Un dentiste américain me proposa des marbres romains, dieux de l'Olympe, bustes d'empereurs, provenant de fouilles faites en 1822 dans la villa Adriana. Je pris les marbres romains. Un petit musée d'Italie était à vendre, tombeaux étrusques, portraits funéraires et statues d'orantes, le tout en terre cuite. Je soldai le petit musée. Un marchand de Lyon avait acheté la collection égyptienne de l'abbé Greppo, je ramassai le tout. A Saint-Étienne des caisses venues de Chine après décès étaient en souffrance ; elles contenaient mille médailles, quatre cents bronzes très vieux, des livres anciens chinois ; les caisses vinrent chez moi. Le baron de Rarvizi voulut bien me céder les superbes bois sculptés qu'il avait rapportés des Indes et les étages de la grande maison se remplissaient successivement ; aussi les remises, les orangeries, etc.

Cette frénésie d'acquisition a besoin d'être expliquée. J'eus quelques difficultés à me l'expliquer à moi-même. Quand on se sent malade, on aime bien savoir d'où cela est venu et si on ne peut pas y apporter quelque remède.

Voilà ce qui m'était arrivé.

Alors que je n'en étais qu'aux recherches égyptiennes, je sentais que ces objets que je réunissais restaient muets et que pourtant ils avaient des choses à me dire, mais je ne savais pas les interroger. Je me mis à lire Champollion, Brusch, Chabas, de Rougé, les rares livres d'égyptologie qu'on avait publiés à cette époque. Alors se dressa devant moi cette formidable histoire de l'Égypte, avec ses croyances compliquées, sa religion intense, sa philosophie grandiose, ses superstitions mesquines, sa morale pure.

Des comparaisons s'imposaient avec les autres civilisations archaïques. Il fallait tourner mes regards vers l'Inde, la Chaldée, la Chine. A côté des bibelots s'entassaient les livres, les uns expliquant les autres. Pour plus de clarté dans les classements et les rapprochements, il fallait ordonner des séries qui n'étaient pas sans lacunes que comblaient de nouveaux achats. Et comment s'arrêter ? Où s'arrêter ?

Autre chose. Fils d'industriel, chef d'usine moi-même, j'avais passé ma vie en contact avec les ouvriers ; je m'étais constamment occupé de leur donner la santé de l'esprit et le bien-être du corps. Je fondais des écoles, des cours, des sociétés musicales, des associations de secours mutuels, et je constatais que les créateurs de systèmes philosophiques, les fondateurs de religions avaient eu les mêmes pensées : que Lao-tseu, Confucius, Sakia, Mouni, Zoroastre, Moïse, Platon, Jésus, Mahomet avaient, chacun à son époque, proposé des solutions sociales.

L'intérêt que je portais aux travailleurs que chaque jour je coudoyais me faisait rechercher avec avidité la société des grands penseurs de l'humanité ; de-même que les études que je faisais de leurs conceptions morales me ramenaient à en faire profiter ceux qui m'entouraient.

Il y avait donc, dans mon ardeur, à rechercher les documents écrits ou figurés, une sorte de surexcitation qui venait du désir d'atteindre un but immédiat, tangible, de l'espérance que ces travaux pouvaient semer un peu de bonheur.

Et puis sous quelles formes se présentaient ces objets religieux ? Sous les apparences les plus parfaites de l'art à toutes les époques. C'est pour les temples que les plus grands artistes du monde ont travaillé. C'est pour honorer les dieux que les rois, les peuples ont dépensé les sommes les plus invraisemblables. C'est la foi de chaque race qui lui a fait trouver la formule impeccable qui représente sa pensée intime, sa conception la plus transcendante. Et si la lassitude m'était venue de réunir indéfiniment des idoles, des symboles, des ustensiles du culte, l'ardeur esthétique m'aurait poussé à continuer de rassembler de superbes œuvres d'art.

Par le désir d'être utile, par l'attrait des idées philosophiques, par l'élan d'enthousiasme que produit la beauté, j'arrivais à comprendre que mes collections me dévoilaient l'idéal du philosophe grec : le bien, le vrai, le beau ; et je m'y attachais plus que jamais.

Quand on veut vraiment apprécier les civilisations anciennes ou exotiques qui faisaient l'objet de mes préoccupations, on doit faire abstraction de ses propres croyances, se dépouiller des idées toutes faites données par l'éducation, par l'entourage. Pour bien saisir la doctrine de Confucius il est bon de se donner un esprit de lettré chinois ; pour comprendre le Bouddha il faut se faire une âme bouddhique. Mais comment y arriver par le seul contact des livres ou des collections ? C'est insuffisant ; même en tenant compte de l'époque, du climat, des mœurs, des races. Il est indispensable de voyager, de toucher le croyant, de lui parler, de le voir agir. Aussi je me décidais à faire le tour du monde, à visiter le Japon, la Chine, l'Inde, comme j'avais fait de l'Égypte et de la Grèce.

Des amis qui revenaient de l'Orient me dirent : « Si vous voulez aller à Pékin, munissez-vous d'un *passeport diplomatique*. Il n'y a là aucun hôtel et pour loger au Consulat ou à l'Ambassade, il est nécessaire d'avoir une fonction officielle.

— Un passeport diplomatique, mais à quel titre ?

— Vous allez là-bas pour étudier les religions de l'Extrême-Orient, demandez au ministre de l'Instruction publique de vous ordonner d'étudier les religions de l'Extrême-Orient et de vous octroyer pour cela les facilités nécessaires. »

Un peu stupéfait d'avoir à faire intervenir le Gouvernement dans mes faits et gestes, j'envoyais la demande et très aimable, presque courrier par courrier, le ministre me chargeait d'une mission scientifique en Orient et joignait à sa lettre le passeport espéré. Je mis le tout dans ma valise avec l'intention bien arrêtée de ne m'en servir qu'en cas d'urgence.

Mais arrivé au Japon je vis que « ça se savait ». Le ministre de l'Instruction publique du Mikado, M. Riouitchi Kuki, que j'avais connu à Paris, me déclara qu'il s'intéressait vivement à ma mission et il me mit en mesure, il me mit en demeure de la remplir sérieusement. Je sentais que mon rôle grandissant, se haussait, qu'il fallait renoncer à suivre ma fantaisie et que je devais à la situation qui m'était faite, que je devais à la science, de mettre de la méthode et de la conscience dans les études que j'étais venu faire sur place.

Les résultats furent considérables, et en quittant la France je ne m'attendais certes pas à rapporter de mon voyage une si belle moisson.

Pour en donner une idée je reproduis ici le rapport qu'à mon retour j'adressai au ministre.

MONSIEUR LE MINISTRE,

Par arrêté en date du 10 avril 1876, vous avez bien voulu me charger d'une mission au Japon, en Chine et aux Indes, pour y étudier les religions de l'Extrême-Orient.

Je viens vous rendre compte de ce que j'ai pu faire, grâce à votre haut patronage, et de ce que j'espère encore entreprendre pour compléter les études commencées dans les régions que je viens d'explorer.

Mon rapport se divisera naturellement en trois parties, correspondant au trois contrées que j'ai visitées.

JAPON

Le Gouvernement japonais entreprend de grandes réformes religieuses, et il semble avoir considéré mes études comme une excellente occasion pour lui de connaître plus à fond les dogmes bouddhiques et de rectifier d'une manière plus complète les croyances shintoïstes.

C'est donc dans des circonstances très opportunes que j'ai entrepris ma mission.

D'une part, le clergé bouddhique redoutait de nouvelles suppressions de sectes, ou craignait de voir encore quelques-uns de ses temples fermés ; et, non seulement il mit beaucoup de complaisance à me donner tous les renseignements qui m'étaient nécessaires, mais il voulut que les réceptions qui m'étaient faites dans les sanctuaires, aient lieu avec un grand éclat et une pompe tout-à-fait princière.

D'autre part, le shin-to, qui est la religion officielle, se mit en devoir de lutter de magnificence et de bonne volonté avec la croyance rivale.

J'ai visité, dans ces conditions exceptionnelles, les grands temples de Nikko, de Tokio, d'Ishè et de Kioto, ainsi que ceux qui sont échelonnés sur la route appelée Tokaïdo.

Dans les superbes monuments de Nikko, les prêtres bouddhiques célébrèrent, à l'occasion de mon passage, une grande cérémonie religieuse, avec procession, offrande de fleurs, etc.

A Kioto, M. Makimoura, gouverneur de cette ancienne capitale des Mikados, fit organiser de véritables conciles, six pour les sectes bouddhiques et un pour le shin-to.

Dans ces réunions, les plus savants docteurs répondirent de fort bonne grâce à toutes mes questions, me firent présent de livres religieux et d'objets sacrés, m'indiquèrent les ouvrages que je devais me procurer pour bien connaître leurs idées, et rédigèrent des réponses simples et claires à des demandes que je leur laissais par écrit, sur la création, l'intervention divine, la prière, les miracles, la vie future et la morale.

Ces conciles avaient toute la solennité de cérémonies religieuses et officielles ; ils se sont tenus dans les sanctuaires mêmes ou dans les chambres impériales. Je citerai particulièrement les réceptions des sectes Zen-siou et Hokké-siou, la réunion shintoïste qui se termina par une cérémonie en l'honneur de Ten-man-gou le dieu lettré, et le grand concile Sin-siou qui dura un jour entier, en présence d'un clergé considérable, et eut lieu dans le célèbre et ravissant pavillon du Siogoun Taï-Ko.

En dehors de ces assemblées, j'eus de nombreuses conférences particulières avec des prêtres dont les connaissances spéciales demandaient à être étudiées à part.

Je n'ai éprouvé quelque difficulté qu'à Ishè, la ville sacrée du Shin-to. Malgré la lettre de recommandation que m'avait remise le Gouvernement japonais, malgré l'escorte d'honneur qui m'accompagnait et qui indiquait le cas qu'on faisait de ma mission, les administrateurs religieux de ce pays prétendirent qu'ils étaient complètement indépendants et se refusèrent, non-seulement à me donner les explications que j'étais venu chercher, mais à me laisser pénétrer jusqu'au grand-prêtre des temples.

Après une journée de pourparlers, je pus enfin voir le grand-prêtre, qui fut charmant. Il me reçut devant son clergé et tout son personnel d'employés, me fit des excuses de l'accueil qu'on m'avait fait, me donna des livres saints et me fit voir les objets sacrés de ses trésors.

De plus, après m'avoir fourni tous les renseignements que j'avais demandés, il organisa en mon honneur une danse religieuse, telle qu'on l'exécute les jours de grandes fêtes ou en présence S. M. le Mikado.

A part cet incident qui s'est fort heureusement terminé, j'ai rencontré partout l'accueil le plus sympathique.

J'avais attaché à la mission un habile dessinateur, M. Félix Regamey, le correspondant bien connu des journaux illustrés de Londres, de New-York et de Paris ; il a reproduit fidèlement soit les monuments religieux, soit les scènes intéressantes du voyage, et j'aurai sans doute l'honneur un jour de mettre sous vos yeux la série fort curieuse de ses dessins et aquarelles.

En dehors de son précieux concours, mon travail a été facilité par d'excellents interprètes parlant bien le français et connaissant le japonais littéraire et le chinois. Ces jeunes gens sortent de l'école française de M. Dury ; ils me rejoindront en France où ils m'aideront à coordonner mes notes et mes livres, et contribueront à former l'école japonaise et chinoise que je compte fonder à Lyon, et dont j'ai déjà eu l'honneur de vous entretenir.

Je reviens donc du Japon avec les documents les plus complets et les plus importants sur les religions de ce pays. J'ai rapporté avec moi plus de *trois cents* peintures japonaises religieuses, *six cents* statues divines et une collection de plus de *mille* volumes soigneusement catalogués en chinois ou japonais et en français.

Je n'ai pas la prétention d'avoir en trois mois élucidé tous les mystères des croyances japonaises, mais j'ai établi avec les prêtres du pays des relations qu'ils demandent à continuer, et je suis muni de renseignements considérables que je mets à la disposition de tous ceux qui s'intéressent à ces questions.

Parmi les personnes qui m'ont le plus secondé dans mes recherches, je me permets de signaler particulièrement à votre bienveillante attention M. Rioutshi-Kouki, secrétaire-général, faisant fonction de ministre de S. M. le Mikado pour le département de l'Instruction publique, M. Maki-Moura, gouverneur de Kioto, et M. Léon Dury, ancien consul de France à Nagazaki, ancien directeur de l'école française de Kioto et professeur au Kaïségakou (École polytechnique) de la capitale.

Mais je n'oublierai pas, Monsieur le Ministre, que c'est à votre haut patronage que je dois le succès de ce voyage, et que c'est à vous tout spécialement que doit en revenir l'honneur.

CHINE

J'avais trouvé au Japon toutes les facilités possibles pour remplir la mission dont Votre Excellence a bien voulu me charger ; je me suis heurté en Chine à l'indifférence des mandarins, à l'hostilité des prêtres locaux et au manque complet d'interprètes chinois parlant français.

Du reste, les religions de la Chine sont déjà très-étudiées ; grâce aux publications du XVIIIe siècle, grâce aux travaux récents des savants européens, grâce aux recherches des missionnaires chrétiens, les points dogmatiques de ces croyances se trouvent de plus en plus élucidés.

Mais il faut considérer que les idées bouddhiques ne se sont fait jour dans ces pays qu'au moyen d'une armée d'idoles, que les doctrines de Lao-Tzeu ont été envahies par le fétichisme local le plus compliqué, et qu'enfin la saine philosophie de Confucius elle-même a versé dans les superstitions naturalistes du Fong-shui, qui figure officiellement sur les programmes des examens littéraires.

On voit donc que les religions des Chinois sont ailleurs que dans les croyances qu'on peut étudier avec les livres, et qu'il y a à faire sur place une sorte de statistique des dieux usuels ; puis, muni de ces documents, étudier par suite de quel affaissement des doctrines pures et élevées, se sont peu à peu transformées et ont abouti aux pratiques les plus superstitieuses.

Le temps m'a tout à fait manqué pour entreprendre ce travail, qui, pour être fécond, doit s'étendre à la Chine entière ; mais j'ai fait mes efforts pour établir des relations avec les savants résidant en Chine, avec les mandarins, chefs de province, et même avec les prêtres de certains temples, afin de préparer dans ce sens une seconde mission qui pourrait émaner de l'école japonaise et chinoise que je vais établir à Lyon.

La bienveillance des missionnaires catholiques et protestants m'a mis à la tête d'une bibliothèque religieuse chinoise presque aussi considérable que celle que j'ai rapportée du Japon ; cette collection se complètera par correspondance, et j'espère aussi la doubler peu à peu des représentations sculptées ou peintes de toutes les divinités du Céleste-Empire.

Le mahométisme, qui joue en Chine un rôle considérable, a été sérieusement étudié par notre consul de France à Canton, M. de Thiersant, et la science aura, sans doute, bientôt à sa disposition l'important ouvrage que prépare ce travailleur consciencieux, si bien au courant des choses de l'extrême Orient.

Vous voyez, M. le Ministre, que, ne pouvant moi-même rassembler tous les documents nécessaires à l'étude dont vous m'avez chargé, j'ai fait mes efforts pour terminer en France le travail commencé en Chine, faciliter de nouvelles recherches et tâcher que mes successeurs soient à l'abri des inconvénients qui m'ont entravé.

INDES

En parcourant les Indes, je me suis attaché surtout à établir de nombreux centres de renseignements, soit auprès des savants européens, soit auprès des adeptes des nombreuses sectes religieuses qui couvrent ce sol fertile en croyances.

J'ai visité avec soin les temples brahmaniques, bouddhiques, parsis, mahométans et jaïna, j'ai assisté à de nombreuses cérémonies, et les notes que j'ai prises sont complétées par les excellents dessins de M. Félix Regamey qui m'a accompagné pendant tout mon voyage.

A Ceylan, j'ai trouvé un bouddhisme fort dégénéré, entaché de wishnouïsme, et qui, à plusieurs reprises, a été obligé de faire venir de Siam et de la Birmanie les traditions perdues.

Depuis quelque temps, les bonzes se remettent à l'étude de leurs dogmes et à la pratique du sanscrit. J'ai obtenu que deux jeunes prêtres, l'un de la secte burmah, l'autre de la secte siamis, me rejoindraient en France pour y faire des études, professer le sanscrit et le singalais à mon école orientale de Lyon, me traduire les livres et les vieux manuscrits religieux que j'ai pu me procurer, et me donner enfin sur place tous les renseignements nécessités par l'étude de leur religion.

Dans le Sud de l'Inde, j'ai trouvé des temples splendides, un culte très pur et des prêtres aussi exaltés qu'ignorants de leurs propres croyances. Là, les processions d'éléphants, les danses de bayadères, les réceptions religieuses avec *salam* et guirlandes de fleurs, toutes les pompes extérieures ont été mises en usage pour accueillir le délégué de votre ministère ; mais les renseignements religieux ont complètement fait défaut.

Dans le Nord de la Péninsule, au contraire, le culte a perdu ses antiques traditions ; les étrangers sont reçus avec indifférence ; mais les brahmes, élevés dans les écoles anglaises, sont à même de fournir tous les éclaircissements possibles sur leurs propres idées et sur celles du peuple qui les entoure.

J'espère que quelques jeunes Indous se décideront à venir travailler à l'école orientale de Lyon. La difficulté à surmonter, c'est que tout individu qui s'éloigne de son pays perd sa caste, et quand on est brahme cela mérite quelques réflexions.

Les savants que j'ai eu l'honneur de voir ont bien voulu me dresser des listes de tous les livres spéciaux que je pourrai trouver à Londres ou à Paris ; ils se sont chargés, en outre, de me procurer tous les travaux locaux publiés en brochures, et qu'on ne peut trouver en Europe.

C'est également grâce à leur obligeance que je pourrai avoir peu à peu une collection aussi complète que possible de toutes les représentations divines du pays, et aussi de tous les vases sacrés et objets symboliques qui servent au culte des différentes sectes.

CONCLUSION

En résumé, Monsieur le Ministre, j'espère pouvoir établir à Lyon :

1° Un Musée Religieux, qui contiendra tous les dieux de l'Inde, de la Chine, du Japon, et de l'Egypte. Ces deux dernières collections sont déjà complètes ;

2° Une Bibliothèque des ouvrages sanscrits, tamoul, singalais, chinois-japonais et européens, traitant particulièrement les questions religieuses ;

Près de trois mille volumes sont déjà rassemblés ;

3° Une École, dans laquelle les jeunes orientaux pourront venir apprendre le français, et les jeunes Français pourront étudier les langues mortes ou vivantes de l'extrême Orient.

Cette école aura des professeurs indigènes, de croyances différentes. Je suis déjà assuré du concours de cinq sectes bouddhiques japonaises, de deux sectes bouddhiques indiennes, d'un confucéen et de plusieurs shintoïstes.

J'ai tout lieu de supposer que cette institution, aussi utile aux INTÉRÊTS COMMERCIAUX qu'à la PHILOSOPHIE et à la PHILOLOGIE, sera fréquentée par les nombreux jeunes gens de Lyon, qui se destinent au commerce extérieur ou que l'éloignement de la capitale prive des moyens de se livrer aux études des langues.

Cette école sera en relation constante avec les correspondants spéciaux que j'ai établis dans l'Inde, la Chine, le Japon, et toute personne qui s'intéresse aux questions religieuses pourra y trouver des informations sûres et immédiates.

C'est grâce à cette organisation que je pourrai successivement publier EN FRANÇAIS, AVEC LE TEXTE ORIGINAL EN REGARD, les traductions des documents inédits que j'ai rapportés.

La première publication reproduira les notes manuscrites, rédigées sur mes questionnaires, et remises par les prêtres mêmes des religions qui ont fait l'objet de mes études.

Vous voyez, Monsieur le Ministre, que j'ai fait tous mes efforts pour que la mission dont vous m'avez chargée ne soit pas sans résultats. Il a fallu toute la force que me donnait votre protection officielle pour me permettre d'accomplir en quelques mois ce qui, en toutes autres circonstances, eût nécessité des années.

Croyez que je conserverai le souvenir le plus reconnaissant de cet appui bienveillant et efficace.

Je suis avec respect, Monsieur le Ministre,

De Votre Excellence, le très-dévoué serviteur,

ÉMILE GUIMET.

Une chose que ne dit pas le rapport c'est que, chemin faisant, je me suis attardé à causer avec les lettrés, les artistes, les amateurs et surtout les céramistes de la Chine et du Japon. Je ne pouvais me désintéresser de cette magnifique industrie de la porcelaine qui fait, depuis des siècles, la gloire de l'Extrême-Orient; et, parallèlement à mes collections religieuses, je rassemblais des séries de poteries ; profitant de mes conversations avec les fabricants pour me renseigner sur les procédés qu'ils emploient de père en fils, éclairant ces explications de mes connaissances d'industriel.

Je revenais en France au moment où l'on préparait l'Exposition universelle de 1878, et, tout en faisant construire à Lyon le bâtiment qui devait être le Musée, j'eus l'idée de faire profiter les Parisiens et les étrangers d'une partie des documents que j'avais rapportés. Une travée des galeries historiques du Trocadéro fut mise à ma disposition. J'y montrais tous les tableaux de Régamey et le contenu des premières caisses ouvertes.

En cherchant à présenter convenablement ces objets, j'eus une sorte de révélation qui me charma ; c'est qu'une exposition doit avoir la clarté, l'unité, l'intensité d'une œuvre d'art ; qu'il faut en faire harmonieuses les grandes lignes, y former des points saillants, lumineux, qui arrêtent et y ajouter des parties sombres et calmes dont le mystère attire. Une certaine mise en scène est l'éloquence des choses, surtout quand ces choses doivent instruire. Et, dans les détails, j'éprouvais la jouissance d'ordonner une vitrine, de profiter du classement méthodique pour juxtaposer des pièces qui se font ressortir par la différence des formes, par la variété des couleurs ; ou encore de disposer des masses, monochromes qui aident à l'éclat d'un document qu'on veut souligner.

Depuis cette époque j'ai eu bien souvent l'occasion d'organiser des galeries, de composer des vitrines et toujours j'éprouve cette surexcitation émue qu'on ressent en peignant un tableau ou en écrivant une partition.

Le Congrès des Orientalistes de Saint-Étienne, celui de Florence, celui de Lyon que j'organisai, créèrent autour de moi un mouvement scientifique dont profitèrent mes recherches.

Au Congrès de Lyon, à l'occasion des réceptions ou des banquets, je me permis quelques déclarations plutôt humoristiques qui donnent une idée de mes préoccupations : « Messieurs, disai-je en inaugurant les bâtiments du Musée, je vous demande de me seconder dans mon entreprise. Aujourd'hui déjà, vous m'avez donné un appui considérable en venant assister à nos travaux scientifiques. Je vais avoir besoin de cet appui, d'une manière constante, pour compléter cette collection, pour la classer, et, enfin, pour avoir un personnel de lecteurs, de visiteurs, d'auditeurs et d'élèves. Car, je cherche à propager la science, à semer de la graine de savants, et si, sur cent graines, une seule prospère, j'aurai atteint mon but. C'est pour cela que je demande votre concours. » Et, à Neuville-sur-Saône, à la fin d'un banquet : « Il y a des savants qui se cachent, qui se tiennent à l'écart. Ils se choisissent, se comptent, se retirent dans le saint des saints et ferment le rideau derrière eux. Eh bien, moi, je fais des trous au rideau ! Je veux voir et je veux que tout le monde voie ! »

Le Musée s'installa rapidement, et, le 30 septembre 1879, M. Jules Ferry, ministre de l'Instruction publique, accompagné de M. Dumont, directeur de l'Enseignement supérieur, et de M. Rambeaud, chef de cabinet, vint en faire l'inauguration solennelle.

J'avais été frappé de l'organisation des Musées d'Amérique, comme le Smithsonian Institut qui ont à côté des collections, leurs conférences et leurs publications et, en outre, des cours que j'avais créés, je fondais deux séries d'ouvrages scientifiques, les *Annales du Musée Guimet* et la *Revue de l'Histoire des Religions*.

Je n'avais fait construire qu'un tiers du Musée définitif. Les objets, d'abord assez au large, se resserrèrent, puis ne trouvèrent plus de place. A Paris, j'avais, avenue du Trocadéro, deux grands appartements où j'avais entassé mes dernières acquisitions qui ne pouvaient être présentées à Lyon qu'après l'édification d'une seconde aile du bâtiment.

D'autre part, je m'aperçus qu'à Lyon ne venaient pas les savants, archéologues, philosophes, philologues, qui auraient pu m'être utiles, que là n'aboutissaient pas les documents nécessaires. De plus, les érudits qui pouvaient s'intéresser au Musée se trouvaient rarement en province, tandis qu'à toutes occasions ils visitaient Paris. J'avais fait avec nos publications, nos conférences, les voyages organisés, les fouilles entreprises, les indigènes rassemblés une sorte d'usine scientifique, et je me trouvais loin de la matière première et loin de la consommation. Dans ces cas-là on déplace l'usine, c'est ce que je fis : je transportai le Musée à Paris.

Cela n'alla pas tout seul et en tête de ce volume nous reproduisons l'article de la *Revue de l'histoire des Religions*, qui a raconté les péripéties de cet exode et leurs solutions heureuses.

Depuis cette translation l'institution s'est développée sans cesse. Les dons, les collections arrivent avec une telle abondance que le Musée, ainsi qu'une industrie prospère est amenée à créer des « filliales », se voit forcé d'organiser des succursales en province.

Le musée archéologique de Toulouse bénéficie du trop-plein des objets préhistoriques et la Faculté de médecine de Bordeaux a installé avec beaucoup de goût et de science dans une suite de salles nombreuses qui remplissent plusieurs étages, un véritable musée tout à fait somptueux, rien qu'avec les prêts que nous avons pu lui faire.

Les publications se composent actuellement de cinq séries : la *Revue de l'histoire des Religions*, les *Annales du Musée Guimet*, la Bibliothèque d'études, la Bibliothèque de vulgarisation et en plus la Bibliothèque d'Art dont le premier volume va paraître à l'occasion de notre jubilé. Ces ouvrages représentent déjà près de 110 volumes parus, d'une valeur considérable ; la collection est estimée 12 000 francs, et comme le service en est fait gratuitement à toutes les Sociétés savantes, à toutes les grandes bibliothèques publiques de l'Europe et de l'Amérique, c'est par centaines de mille francs que l'on peut chiffrer les dons ainsi faits à chaque nation.

Des missions scientifiques ont été données par le Musée en Chine, en Indo-Chine, aux Indes, en Égypte, etc. Elles ont enrichi nos galeries et procuré à nos publications des ouvrages de premier ordre.

Enfin les conférences faites d'abord les dimanches d'hiver dans notre modeste salle de cours ont obtenu un tel succès grâce à la valeur des orateurs et à l'attrait scientifique de leurs communications qu'une seconde série de conférences avec projections a été inaugurée cette année à la mairie de Passy. J'espère que l'année prochaine il y en aura encore deux autres séries dans d'autres quartiers de Paris et je ne désespère pas d'en avoir aussi en province et à l'étranger puisque depuis quelques temps j'ai pris la parole à Lille, Rouen, Bordeaux, Toulouse, Montpellier, Marseille, Lyon, Dijon.

Et quand je regarde le chemin parcouru depuis vingt-cinq ans, quand je considère la somme énorme de travaux sollicités, obtenus et dont j'ai pu récolter les gerbes lumineuses, le sentiment qui pénètre mon cœur n'est pas l'orgueil, c'est la reconnaissance ; c'est la gratitude vive, profonde, sincère pour tous mes collaborateurs, pour tous ceux dont le savoir, le travail, la générosité inlassables, ont fait de nos collections un musée qui pense, un musée qui parle, un musée qui vit.

Émile GUIMET.

LE MUSÉE GUIMET

A PARIS

C'est en 1882 que M. Guimet, reconnaissant que Lyon, ville essentiellement industrielle, n'était pas le centre où l'institution créée par lui pouvait prendre les développements qu'elle comportait et rendre les services en vue desquels il l'avait fondée, prit la résolution de transporter à Paris le Musée Guimet. Sa première idée avait été de l'offrir à la ville de Paris ; mais plusieurs de ses amis et M. Charmes lui-même lui représentèrent que par son but même le Musée Guimet devait appartenir à l'Instruction publique et, le 9 *janvier* 1883, il adressait la lettre suivante au ministre de l'Instruction publique :

Monsieur le Ministre,

Lorsque, à la suite de la mission scientifique que m'avait donnée votre Ministère, j'ai organisé le Musée qui porte mon nom ; je n'avais pas osé prévoir les résultats que sa création a produits. Je voulais réunir, pour mon usage personnel, des divinités, des livres, des manuscrits religieux, des objets sacrés, et m'entourer d'indigènes chargés d'en expliquer le sens. Les savants de tous les pays se sont intéressés à cette entreprise ; ils ont visité mes collections, m'ont offert des travaux sur les questions qui me préoccupaient, et de cet ensemble d'études sont nées, d'une part les *Annales du Musée Guimet*, d'autre part la *Revue de l'Histoire des Religions* qui forme comme une annexe des *Annales*.

Maintenant que le Musée est en correspondance et a un service d'échange avec tous les musées ethnographiques et archéologiques, avec les bibl: thèques publiques, les académies et les sociétés savantes ; maintenant qu a la collaboration de tous les savants qui s'occupent des questions re gieuses de l'Orient et de l'antiquité, je suis obligé de reconnaître que ce institution qui rend quelques services à Lyon, au fond de la province, rendrait de bien plus grands à Paris, au centre des savants de la capit: et à portée des nombreux étrangers qui viennent en France et dont bi peu s'arrêtent à Lyon.

L'impulsion que j'ai donnée, presque sans m'en douter, aux étuc religieuses, va faire instituer en Angleterre, en Allemagne, en Suède, Hollande, etc., des musées analogues au mien, et il serait fâcheux que France, qui a donné l'exemple, parût laisser dans l'ombre le *premier* mus des religions qui ait été créé.

Je sais que les collections ethnographiques du Trocadéro vont remp cette lacune et que les habiles Conservateurs de ces richesses vont org niser leur musée dans cet esprit ; déjà le savant Dr Hamy a classé divinités du Mexique, et révèle chaque jour au public intelligent c découvertes qui semblaient impossibles à faire ; mais ne serait-il pas ut de juxtaposer à cet ensemble les séries japonaises, chinoises, indienn organisées et expliquées par mes collaborateurs ?

C'est pour arriver à ce résultat que j'ai l'honneur de vous propos Monsieur le Ministre, la combinaison suivante :

J'offre de donner à l'État toutes mes collections d'objets religieux, manuscrits, de livres, avec le mobilier, les vitrines, etc. ; en un mot, to ce qui constitue le musée Guimet.

Je mets à ce don les conditions suivantes :

1° L'État fera construire, sur le modèle du palais qui existe à Lyon, ı monument à Paris, soit au Champ-de-Mars, soit à l'emplacement c « Magasin des Phares », soit sur tout autre point plus rapproché ‹ centre ;

2° L'espace de terrain devra être assez vaste pour qu'on puisse termin le musée suivant le plan général qui en a été dressé (actuellement la moi seule est construite) ;

3° Le musée gardera son nom, et j'en serai le seul administrateur. Il aura à chercher un arrangement pour le cas où je viendrais à mourir ;

4° L'État me donnera pendant quarante ans une somme annuelle ‹ quarante-cinq mille francs qui seront employés ainsi :

Personnel.	16 000 francs.
Indigènes.	10 000 —
Publications.	14 000 —
Frais divers.	5 000 —
	45 000 francs.

Je ne mets aucune condition pour les acquisitions nouvelles, ou l recherches et fouilles que je fais faire constamment. Le musée doit profiter de toutes ces augmentations et je voudrais, de ce côté là, conserver aux collections que j'offre le caractère de *don* qui m'autorise à demander à l'État quelque soulagement dans les frais annuels en échange de l'abandon que je lui fais.

Je désire, dans l'intérêt de la science, que cette proposition vous agrée, Monsieur le Ministre, et je me tiens à votre disposition pour en expliquer et discuter tous les détails.

Je suis, etc.

A cette lettre étaient jointes diverses notes concernant le personnel, les traducteurs indigènes du musée, la construction et enfin les publications ; nous donnons *in extenso* cette dernière note qui renferme l'exposition du vaste plan de travaux conçu par M. Guimet.

NOTE SUR LES PUBLICATIONS

Les *Annales* et la *Revue de l'Histoire des Religions* sont, sans contredit, les créations les plus intéressantes parmi cette série de résultats scientifiques dus à l'organisation du Musée Guimet. Ce musée n'est pas seulement une collection d'objets curieux, c'est, avant tout, une collection d'idées. Chaque vitrine représente un dogme, une croyance, une secte : il a donc fallu, en dehors du catalogue qui ne peut donner que des esquisses à grands traits, publier un ensemble d'études destinées à déterminer et à mettre en lumière les idées représentées par les objets.

C'était, à tout prendre, l'exposé complet de toutes les religions de l'antiquité et de l'Orient qu'il s'agissait de présenter au public, et, pour une telle entreprise, il fallait un plan que voici :

C'est à l'Asie qu'on a voulu d'abord s'attaquer. On a l'espérance de trouver là l'origine d'un certain nombre d'idées religieuses, et puis, il y a là au point de vue chronologique une masse d'inconnues à dégager. Or, la religion la plus répandue en Asie est le Bouddhisme, et c'est aussi celle qui nous fournit la littérature la plus abondante. C'est donc par le Bouddhisme qu'on a commencé, et c'est le Bouddhisme au Tibet qu'on a interrogé le premier ; car là, les croyants n'ont pas eu, autant qu'en Chine, au Japon et à Java. à s'assimiler des superstitions locales ; à part quelques pratiques de sorcellerie, les rites, les dogmes et la littérature sont restés sensiblement purs. M. Léon Feer a déjà fait paraître un volume, *Analyse du Kandjour et du Tandjour,* qui nous donne en sanscrit et en tibétain les titres de tous les ouvrages bouddhiques, suivis d'une courte analyse sur les sujets qui y sont traités. Un autre volume du même auteur, *Fragments extraits du Kandjour*, va paraître, donnant des traductions *in extenso* de tous les passages qui ont un intérêt dogmatique, historique ou anecdotique, laissant de côté les litanies, les prières ordinaires, les répétitions et superfétations si fréquentes dans les livres bouddhiques. Pour compléter l'étude sur le Tibet, M. de Milloué a traduit l'ouvrage de Schlagintweit qui donne les renseignements les plus précis sur les cérémonies et les mœurs des bouddhistes dans ce pays.

Des travaux analogues sont en préparation sur le Bouddhisme en Chine, au Japon, à Java, à Siam, au Cambodge, en Birmanie, etc. Resserrant ainsi le cercle, on arrivera au Bouddhisme indien, point de départ des autres ; mais qui, soit par les persécutions, soit par un contact incessant avec les idées qui l'avaient inspiré, a fini par disparaître et s'absorber dans les religions d'où il était sorti.

Pendant que les Foucaux, les Feer, les Bigandet, les Aluys, les Regnaud et les bouddhistes de l'Orient eux-mêmes exécuteront ce vaste mouvement tournant, d'autres spécialistes s'occuperont des hymnes védiques, de leurs origines, de leurs transformations et migrations, et suivant leurs traces jusqu'en Grèce et en Italie arriveront peut-être à reconstituer cette littérature latente qu'on devine comme véhicule de certaines légendes, et qu'on pourrait appeler les *Hymnes perdus*. Puis, serrant de plus près ces poésies curieuses où l'on voit naître les dieux sur la bouche du poète, ces savants détermineront la part que le Brâhmanisme doit à ces cantiques primordiaux.

Ainsi cerné par ses émanations et ses origines, le Brâhmanisme, et peut-être le Jaïnisme, nous livrera sa chronologie. L'Inde retrouverait son histoire ! Mais pour atteindre à ce résultat, il faudra que les philologues s'appuient sur le concours actif des archéologues de l'Inde ; de l'Inde du Sud particulièrement où les dieux locaux ont laissé dans les temples, dans les usages, dans les légendes, des traces vivaces de leur ancienneté et du rôle qu'ils ont joué antérieurement à l'assimilation grossière que les Brâhmanistes sectaires en ont fait avec leurs divinités d'origine védique. On pourra alors répondre sûrement à la question que se pose la science actuelle au sujet de l'influence des Grecs dans les Indes, et on saura si les soldats d'Alexandre qui ont détruit les livres perses et les palais de Darius, qui ont fait sur l'histoire de l'Asie cette tache noire que produit la perte d'une littérature, sont les mêmes qui ont donné à l'Inde son architecture merveilleuse et ses philosophies transcendantes.

En poursuivant le Bouddhisme à travers la Chine et le Japon, nous ne négligerons pas les religions locales plus anciennes, qui sont encore en honneur dans ces pays extrêmes. Les doctrines de Confucius sont bien connues ; les livres des lettrés chinois ne nous donneront guère à glaner que quelques monographies sur les croyances antérieures à Confucius. Dans cet ordre d'idées, nous avons déjà mis sous presse le *Yi : King* ou *Livre des Changements*, traduit du chinois par M. Philastre ; cet ouvrage, accompagné de la traduction de ses commentaires indigènes, remplira deux volumes des Annales. Le *Taô* chinois et le *Shin-tô* japonais, dont les noms s'écrivent avec les mêmes caractères, ont pourtant entre eux peu de similitude. Grâce aux documents qui nous ont été remis au Japon par les prêtres du *Shīn-tô*, cette croyance sera facilement mise en lumière. Le *Taô* présentera plus de difficultés. A côté de la philosophie de Laò-tseu se dressent des dieux astronomiques, des dieux locaux, des dieux fétichiques et des héros divinisés. Il y a donc à analyser cet Olympe compliqué, et nous pensons que quand on aura déterminé les dieux locaux et les personnages sidéraux le travail sera presque fini ; mais il faudra, pour cela, publier d'abord l'Uranographie de tous les peuples asiatiques, et nous comptons beaucoup sur la comparaison de ces différents inventaires que chaque nation a fait de *son ciel* pour trouver la trace des emprunts faits aux voisins et, peut-être, remonter jusqu'aux premiers observateurs des planètes et des constellations, Le *Taô* nous fournira de curieux renseignements sur le fétichisme poétique de la Chine, sur ses *numina,* sur ses procédés de divination fort semblables aux procédés italiques.

Pendant que ces études se feront sur l'Asie, il y aura un autre centre d'action qui étendra ses recherches tout autour de la Méditerranée. L'Égypte, qui semble au premier abord immuable dans ses usages et ses croyances, nous montrera qu'au contraire, depuis huit mille années, elle n'a cessé de modifier ses mœurs et ses idées. Cernée par la mer et le sable, elle a souvent jeté ses regards au delà du désert et de l'Océan. Son histoire est connue et remonte à une antiquité vertigineuse, mais il y a à faire une histoire de la religion égyptienne. Ce sera un monument dont les travaux déjà donnés à nos Annales par Mariette, Chabas, Maspero, Naville, Lieblein, Lefébure, etc., sont de magnifiques pierres d'attente. Il y aura même à suivre les dogmes égyptiens pénétrant à travers l'empire romain, et déjà les documents abondent, et les travaux de MM. Lafaye, Rigollot, etc., sont prêts à paraître. Ils nous mèneront au seuil du christianisme qui, s'inspirant de l'édit de Théodose II, n'a pas dédaigné d'utiliser un grand nombre de représentations Isiaques : l'ancien monde pénétrant dans le nouveau par l'iconographie.

Depuis longtemps les savants s'occupent des religions phénicienne, pélasgique, étrusque, grecque, romaine et gauloise ; il n'est donc pas nécessaire pour ces études de suivre une marche particulière ; il faut prendre les travaux à mesure qu'ils se présentent. On peut espérer pourtant que les découvertes faites en Égypte et en Asie feront voir ces croyances sous un nouvel aspect, et, après les avoir considérées pendant longtemps à travers les classiques, il sera intéressant de les éclairer des reflets de l'Orient mieux connu.

En principe, nous ne voulions toucher ni aux croyances hébraïques, ni au christianisme. Il fallait donner à nos recueils un caractère simplement scientifique et écarter les sujets qui pouvaient choquer la foi de ceux qui doivent les lire. Mais des pasteurs protestants, des ecclésiastiques, sont venus à nous avec des études d'un grand intérêt historique et nous avons pensé que, traités par ceux-là même qui pourraient en être froissés, ces sujets pouvaient être acceptés sans danger pour personne. C'est ainsi qu'une série de travaux sur les hérésies si curieuses des premiers siècles, le *Gnosticisme*, le *Manichéisme*, etc., sera présenté au lecteur ; ces hérésies ne sont plus regardées par les yeux prévenus des Pères de l'Église, mais analysées par les procédés de la critique moderne et expliquées par les Papyrus, les inscriptions hiéroglyphiques et cunéiformes. Il est heureux que des hommes d'une conviction sincère et d'une érudition toute spéciale consentent à se livrer à ces recherches intéressantes ; ils pensent que la vérité est une et que la foi ne peut que gagner au contact de la science, et ils s'avancent dans l'arène avec une sécurité qui n'est peut-être pas exempte de frisson, mais qu'il faut admirer et encourager.

On voit dans quel esprit de bienveillance scientifique nos publications sont mises au jour. En dehors des grandes lignes que nous venons de tracer, nous accueillons tous les travaux à mesure qu'ils se présentent et c'est ce qui explique pourquoi les volumes de mélanges sont assez fréquents, car notre but est de ne pas laisser indéfiniment dans l'ombre les découvertes des savants et de faire profiter immédiatement le public des résultats acquis.

Les *Annales* donnent de deux à quatre volumes par an. A cause des difficultés que présente l'impression des caractères étrangers, des textes sanscrits, chinois, hébreux, coptes, égyptiens, etc., il y a toujours simultanément sous presse trois ou quatre volumes qui paraissent dès que le *bon à tirer* est donné par les auteurs.

A côté des *Annales* nous avons créé chez M. Leroux, éditeur à Paris, et sous la direction de M. Maurice Vernes, la *Revue de l'histoire des Religions*, qui paraît tous les deux mois.

Jusqu'à présent les études faites sur les questions religieuses se sont égarées dans des Revues de toutes sortes et de tous pays. Les spécialistes ignorent souvent que tel travail auquel ils s'acharnent est déjà fait. Souvent on ne sait où trouver des brochures dont on connaît le titre et qui ont été tirées à un petit nombre d'exemplaires. Enfin le public intelligent, qui s'intéresse de plus en plus à cette nouvelle science des religions, demande à être rapidement au courant des recherches et des progrès faits par les chercheurs. C'est pour répondre à tous ces besoins que la *Revue* a été créée et son succès toujours grandissant démontre que sa création était urgente. La *Revue* contient des articles de fond au bas desquels on trouve les signatures de MM. Duruy, Lenormant, G. Perrot, Fustel de Coulanges, Gaston Boissier, Clermont-Ganneau, Ravaisson, Decourdemanche, Paul Pierret, E. d'Eichthal, Reuillé, J. Halévy, J. Vinson, Beauvois, Goldziher, Van Hamel, Kern, Hooykaas, H. Oort, Happel, etc.

On y trouve dans chaque numéro :

Une chronique des études religieuses ;

Une bibliographie des ouvrages parus sur l'histoire des Religions ;

Un dépouillement des périodiques et des travaux des sociétés savantes fait au point de vue des études mythologiques, dogmatiques, ritualistes, etc.

Enfin un bulletin critique sur tous les travaux parus dans l'année et concernant un pays déterminé. C'est à dire que :

M. Maspero rend compte des ouvrages parus sur l'Egypte ;
M. Barth sur l'Inde ;
M. Decharme sur la Grèce ;
M. Cordier sur la Chine ;
M. Bouché-Leclercq sur l'Italie ;
M. Léon Feer sur le Tibet et l'Indo-Chine ;
M. Léger sur la Scandinavie :
M. Maurice Vernes sur le judaïsme et le christianisme ;
Etc.

On comprend quelle impulsion tous ces travaux ont donnée à la science des religions et on voit que c'est une véritable armée de savants qui plane dans les Olympes et vit dans les dogmes pour y trouver les matériaux variés destinés à constituer plus tard l'*histoire de la pensée humaine.*

La *Revue,* qui a coûté certains frais d'organisation, peut maintenant vivre de ses propres forces. Il n'en est pas de même des *Annales du musée Guimet,* publication luxueuse avec textes orientaux et illustrations. Les *Annales* coûtent, en moyenne, 20 000 francs par an. Si on en déduit le produit des ventes chez les libraires, la dépense est réduite à 14 000 francs. C'est là le budget que l'administration du musée y consacre chaque année. Les ventes iront sans doute en se développant et allègeront les frais ; mais cette bonification sera immédiatement utilisée pour éditer des ouvrages plus chers qu'on n'a pas encore osé aborder à cause du coût des planches qu'ils nécessitent.

La proposition de M. Guimet fut favorablement accueillie au ministère de l'Instruction publique et on s'occupait activement de chercher les moyens d'y donner suite lorsqu'un changement de ministère, en renversant M. Duvaux, mit un temps d'arrêt aux négociations. Elles reprirent bientôt sous le ministère de M. Jules Ferry qui connaissait le Musée, à l'inauguration duquel il avait bien voulu présider quelques années auparavant. Mais à ce moment la question financière vient entraver la marche des pourparlers. Malgré toute sa sympathie M. J. Ferry n'osait pas ajouter une somme relativement assez importante au budget déjà trop chargé de l'Instruction publique, et il conseilla lui-même de proposer à la ville de Paris le don que l'État n'était pas en mesure d'accepter.

De ce côté aussi un accueil favorable répondit aux propositions de M. Guimet; MM. Hovelacque, Yves Guyot, Depasse, Strauss, Hattat, Cernesson, et nombre d'autres s'employèrent activement à leur prise en considération ; mais là aussi la question financière mettait un obstacle insurmontable à la conclusion désirée. Le conseil municipal se déclara prêt à faire un sacrifice, mais il fallait que l'État intervînt pour une part des dépenses que nécessiteraient la construction du Musée et son entretien.

La question du Musée Guimet fut donc de nouveau reportée au ministère de l'Instruction publique ; MM. Jules Roche et Clémenceau intervinrent et M. Fallières, alors ministre, promit d'étudier les moyens de donner satisfaction au conseil municipal. Les pourparlers traînaient cependant en longueur, lorsque sur l'initiative de MM. Schéfer, Albert Réville, et Henri Cordier, MM. Barbier de Meynard, Foucaux, Feer, Guieysse, Albert Réville, Bouché-Leclercq, Bergaigne, Henri Cordier, Carrrière, H. Derenbourg, J. Vinson, Clermont-Ganneau, Jean Réville, etc.. se réunirent sous la présidence de M. Schéfer et rédigèrent une adresse au ministre pour lui demander une solution prompte de cette question d'un intérêt capital pour la science orientale dont ils étaient les représentants les plus autorisés ; adresse qui fut revêtue des signatures de presque tous les collègues de ces savants professeurs. Cette démarche eut un effet des plus heureux ; elle leva les dernières hésitations du ministre, et quelques jours plus tard, M. Guimet ayant consenti à prendre à sa charge la moitié des frais de construction du nouveau musée, un projet de convention était arrêté portant cession du musée Guimet à l'État qui s'engageait à faire les frais de la moitié restant de la construction et à assurer au musée le crédit annuel nécessaire à son fonctionnement ; le terrain devait être demandé à la Ville de Paris.

Dans sa séance du 16 mars 1885, le conseil municipal votait une subvention d'un million pour l'acquisition du terrain nécessaire au musée et dont il devait conserver la propriété en cas de désaffectation, mais il mettait pour condition qu'au décès de M. Guimet le directeur serait choisi par le ministre entre trois candidats proposés par le Conseil.

M. Fallières ne crut pas devoir accepter cette condition et on demanda au Conseil de renoncer à cette clause, lui promettant que le successeur de M. Guimet serait nommé sur la présentation des grands corps savants.

Sur ces entrefaites, nouveau changement ministériel et M. Goblet remplace M. Fallières à l'instruction publique. Cette fois, ce changement n'apporta pas un retard sérieux dans les négociations entamées. Poussée vivement par M. Charmes, l'affaire du terrain du Musée Guimet reçut enfin une solution définitive et conforme aux désirs du ministre dans la séance du conseil du 29 juillet 1885, et le 1er août M. Goblet déposait sur le bureau de la Chambre des députés le projet de loi et la convention suivante :

PROJET DE LOI

Ayant pour objet l'approbation de la convention passée entre le ministre de l'Instruction publique, des Beaux-Arts et des Cultes, et M. Guimet, en vue du transport à Paris et de la cession à l'Etat de l'établissement connu à Lyon sous le nom de *Musée Guimet*, et portant ouverture au ministre de l'Instruction publique, des Beaux-Arts et des Cultes (1re section) sur l'exercice 1885 : 1° d'un crédit extraordinaire de 260 000 francs ; 2° d'un crédit extraordinaire de 45 000 francs, en exécution des articles 3 et 6 de ladite convention, présenté au nom de M. Jules Grévy, président de la République française, par M. René Goblet, ministre de l'Instruction publique, des Beaux-Arts et des Cultes, et par M. Sadi-Carnot, ministre des Finances.

EXPOSÉ DES MOTIFS

Messieurs,

L'établissement connu à Lyon, depuis 1879, sous le nom de *Musée Guimet,* renferme de nombreuses et riches collections destinées à servir à l'histoire des religions et des civilisations orientales.

A la suite de ses voyages et à grands frais, M. Guimet a réussi à rassembler dans son musée un nombre considérable d'antiquités et curiosités hindoues, chinoises, japonaises, thibétaines, égyptiennes, grecques, romaines, gauloises, alexandrines, etc., de très riches spécimens de céramique japonaise, des tableaux intéressants au point de vue ethnographique, enfin une bibliothèque très importante d'ouvrages relatifs surtout à l'Orient et composée de 13 000 volumes environ tant imprimés que manuscrits.

Depuis longtemps le monde scientifique suivait les efforts de M. Guimet ; on savait que les documents figurés ou écrits qu'il avait su réunir dans son musée ne se trouvaient nulle part en Europe groupés avec autant de méthode, classés suivant les différents dogmes, croyances ou sectes, de manière à en dégager un enseignement et à tracer l'exposé aussi complet que possible de toutes les religions de l'antiquité et de l'Orient. En dehors de sa valeur scientifique inappréciable, on savait aussi le prix artistique et vénal de ces collections qu'on estime à plusieurs millions.

Bien souvent il avait paru regrettable qu'un établissement de cet ordre fût éloigné de Paris. M. Guimet a compris lui-même que son musée rencontrerait dans la capitale plus d'appréciateurs éclairés de tous les pays, et il a songé à le céder à l'Etat moyennant certaines conditions.

Par le projet de convention ci-annexé, M. Guimet s'engage :

A céder et à transporter à l'Etat la propriété pleine et entière de ses collections ;

A faire construire à Paris à ses frais, périls et risques, sur un terrain cédé à cet effet par la Ville de Paris (délibérations du Conseil Municipal du 15 mars et 29 juillet 1885), un immeuble plus important que celui de Lyon ;

Et à exécuter à ses frais les travaux d'aménagement de tout ordre ;

Entreprise qui représente une dépense qu'on peut évaluer à 1 590 000 francs.

En échange il demande :

Une somme de 780 000 francs payable par tiers, en trois annuités, et destinée à couvrir une partie des frais de constructions et d'aménagements ;

Un crédit annuel de 45 000 francs pour l'entretien du musée ;

Le titre de Directeur à vie de l'établissement.

Les avantages de ce contrat à titre onéreux sont si manifestes, qu'il semble inutile de les développer davantage, et nous avons l'honneur de vous demander d'approuver la convention passée avec M. Guimet, et de vouloir bien, en même temps, ouvrir les crédits qui en sont la conséquence.

PROJET DE LOI

Article premier.

Est approuvée la Convention dont ampliation est ci-annexée passée entre le ministre de l'Instruction publique, des Beaux-Arts et des Cultes, agissant au nom de l'Etat, et M. Etienne Emile Guimet, demeurant à Paris, 7, rue Saint-Philippe-du-Roule, agissant en son nom personnel, ladite Convention portant cession à l'Etat et transport à Paris du Musée connu à Lyon sous le nom de *Musée Guimet*.

ART. 2.

Il est ouvert au ministre de l'Instruction publique, des Beaux-Arts et des Cultes, sur l'exercice de 1885, en augmentation des crédits votés par la loi de finances du 21 mars 1885 :

1° La somme de deux cent soixante mille francs (260 000 fr.) représentant la première annuité du crédit de 780 000 francs spécifié dans l'article III de la Convention ci-annexée.

Ce crédit extraordinaire sera classé à la première section — service de l'Instruction publique, sous le titre de chapitre LXX. (Frais de construction du Musée Guimet.)

2° La somme de quarante-cinq mille francs (45 000 fr.) destinée à couvrir les frais d'entretien, personnel et matériel dudit musée, somme également spécifiée dans l'article VI de la Convention ci-annexée.

Ce crédit extraordinaire sera classé à la première section. — Service de l'Instruction publique, sous le titre de chapitre LXXI. (Frais d'entretien du Musée Guimet.)

Il sera pourvu à ces dépenses au moyen des ressources générales du Budget de l'exercice 1885.

ART. 3.

La Convention précitée ne sera passible que du droit fixe de trois francs (3 fr.).

CONVENTION

L'an mil huit cent quatre-vingt-cinq et le vingt-deux du mois de juillet ;

Entre le ministre de l'Instruction publique, des Beaux-Arts et des Cultes, agissant au nom de l'Etat et sous la réserve de l'approbation législative ;

D'une part,

Et M. Etienne Emile Guimet, demeurant à Paris, 7, rue Saint-Philippe-du-Roule, agissant en son nom personnel ;

D'autre part,

Il a été convenu ce qui suit :

ARTICLE PREMIER.

M. Guimet cède et transporte à l'État la propriété pleine et entière des collections contenues dans l'établissement connu à Lyon sous le nom de Musée Guimet, et M. le ministre de l'Instruction publique, des Beaux-Arts et des Cultes, agissant au nom de l'État, accepte cette cession.

ART. 2.

La cession comprend :

1° Toutes les collections classées et cataloguées audit Musée ;

2° Les collections non cataloguées encore, mais classées dans la galerie du rez-de-chaussée ;

3° Les collections non cataloguées, mais classées, qui figurent dans les galeries du deuxième étage, dites galeries égyptienne, grecque, romaine et gauloise ;

4° Les collections en caisses déposées au Trocadéro ;

5° La Bibliothèque renfermant environ 13 000 volumes, tant imprimés que manuscrits.

ART. 3.

Il est mis à la disposition de M. Guimet une somme de sept cent quatre-vingt mille francs (780 000 fr.), qui sera ordonnancée directement à son nom sur état nominatif en trois annuités. Cette somme de 780 000 francs sera employée, ainsi qu'il est stipulé dans les articles suivants, à la construction et à l'aménagement à Paris du Musée Guimet, travaux qui devront être exécutés dans le délai de trois ans. Ces constructions et aménagements sont évalués à la somme de 1 590 000 francs.

ART. 4.

M. Guimet s'engage à faire construire à Paris, à ses frais, risques et périls, dans le délai de trois ans, un immeuble dont les plans sont ci-annexés, sur un terrain agréé par lui et par l'État (cédé à cet effet par la Ville de Paris).

ART. 5.

M. Guimet s'engage également à faire exécuter à ses frais tous les travaux d'aménagement intérieur, à solder toutes dépenses provenant du fait du transport et de la mise en ordre des collections, de l'installation des vitrines, mobilier, etc., existant à Lyon, aussi bien que de l'achat de tout matériel supplémentaire nécessaire à la bonne installation du Musée à Paris.

ART. 6.

De plus, il est assuré au Musée Guimet un crédit annuel de quarante-cinq mille francs (45 000 fr.) payable à partir du 1er janvier 1885. Ce crédit devra être affecté :

1° Aux frais provenant du fait de la publication intitulée *Annales du Musée Guimet.*

2° A la rétribution due à des indigènes collaborant aux publications.

3° A la solde du personnel.

4° Aux frais divers de tous genres, entretien, chauffage, éclairage, etc.

Les dépenses prélevées sur ce crédit seront justifiées par les pièces exigées par les règlements de comptabilité publique.

ART. 7.

Le Musée portera perpétuellement le nom de Musée Guimet.

ART. 8.

M. Guimet en sera nommé Directeur à vie, il renonce à tout émolument personnel.

Le conservateur et le personnel seront nommés ou révoqués par le ministre de l'Instruction publique sur la proposition du Directeur.

ART. 9.

Les collections cédées à l'État seront perpétuellement affectées au Musée ; toutefois le Directeur pourra, si certains objets se trouvent en double, opérer des échanges sous la surveillance et avec l'approbation du ministre de l'Instruction publique.

ART. 10.

Aussitôt l'approbation du présent traité par le pouvoir législatif, les collections telles qu'elles sont décrites ci-dessus seront propriété de l'Etat.

Le ministre de l'Instruction publique, des Beaux-Arts et des Cultes prendra, au nom de l'Etat, livraison du Musée et des bâtiments le jour de l'achèvement de tous les travaux de construction et d'aménagements opérés par les soins de M. Guimet en exécution des articles 4 et 5 de la présente Convention.

Le 3 août, M. Jules Roche, rapporteur, déposait un rapport concluant au vote du projet de loi, qui était adopté dans la même séance. Portée de suite au Sénat, la loi concernant le Musée y fut votée le 7 août et parut le 8 au *Bulletin des lois*.

Le nouveau Musée Guimet sera construit place d'Iéna, entre le Musée Galiera et celui du Trocadéro. Autant que le permet la configuration du terrain, on lui conservera l'aspect et la dis position de celui de Lyon.

On nous assure que tout est prêt et que les travaux commer ceront aussitôt que le Conseil municipal aura homologué l'act d'achat des terrains ; la construction serait menée assez rapide ment pour qu'une partie au moins des collections puisse y êtr installée dans le courant de l'année 1887.

Au moment de mettre sous presse on nous communique l rapport suivant :

RAPPORT

Présenté par M. Hattat, *au nom de la* 5e *Commission*[1], *sur l'acquisitio d'un terrain avenue d'Iéna, place d'Iéna et rue Boissière, pour l'établissemei du musée Guimet.*

(Annexe au procès-verbal de la séance du 18 novembre 1885.)

Messieurs,

Le Conseil municipal a, par plusieurs délibérations, manifesté son dési d'aider de tout son pouvoir à l'installation, dans notre ville, du musée de Religions créé par M. Guimet, et qui se trouve aujourd'hui à Lyon.

Je n'ai pas besoin de vous rappeler dans quelles conditions M. Guime a proposé de faire don à l'État de la précieuse collection qu'il a réunie force de temps, d'argent et de science et pour laquelle il souhaite un cadı digne d'elle, c'est-à-dire Paris. L'État, qui acceptait ces conditions, com prenant tout l'intérêt que présentait pour la capitale l'installation de c musée, s'engagea à faire la dépense nécessaire pour l'édification des locau destinés à recevoir les collections, si la ville de Paris, de son côté, part cipait à cette dépense en fournissant le terrain.

C'est dans le courant de mars de cette année que, pour la première foi la demande de l'État, formulée dans une proposition de M. le ministre d l'Instruction publique, vous fut soumise. Elle tendait à ce que la vill participât, par l'apport d'un terrain de 4 000 mètres environ, — surfac jugée indispensable, — à ladite installation.

Cette proposition de M. le ministre de l'Instruction publique a ét adoptée par vous en principe, par votre délibération du 16 mars 1885 Vous stipuliez seulement, entre autres conditions, d'abord, que la ville d Paris conserverait la nue-propriété du terrain cédé par elle à l'État, et qu

1. La 5e Commission (*Architecture et Beaux-Arts*) est composée de M. Hattat, *président* Delhomme, *secrétaire* ; Cernesson, Collin, Depasse, Hubbard, Levraud, Reygeal.

ce terrain devrait lui faire retour avec les constructions, sans soulte à payer, dans le cas où l'affectation du bâtiment serait changée, ce qui ne pourrait se faire sans l'approbation du conseil municipal; ensuite, que le directeur du musée Guimet serait choisi, en cas de vacance, sur une liste de trois membres présentés par le Conseil municipal.

Par une lettre en date du 10 avril suivant, M. le ministre de l'Instruction publique et des Beaux-Arts déclara accepter sans réserve la première de ces conditions: en ce qui concerne la seconde, il déclara ne pouvoir y consentir, mais s'engagea, en cas de vacance, à ne choisir le directeur du Musée Guimet que sur une proposition émanant des corps savants, qui ressortissent à son administration.

Vous avez, Messieurs, dans votre séance du 29 juillet dernier, adopté d'une manière définitive les propositions nouvelles de M. le Ministre, sous la seule réserve que le prix du terrain mis à la charge de la Ville ne pourrait dépasser un million.

Par ce texte nouveau, vous donniez mission à l'administration de M. le Préfet de la Seine d'entamer les pourparlers nécessaires pour aboutir à l'acquisition d'un terrain qui, contenant au moins 4 000 mètres, ne coûtât pas plus d'un million et réunît en outre certaines autres conditions.

En effet, il y avait un double problème à résoudre: d'une part, l'État et M. Guimet demandaient que l'emplacement qui serait choisi le fût à proximité des nouveaux musées modernes, c'est-à-dire du futur musée Galliera, du musée du Trocadéro et des grandes collections des Ponts et chaussées: il fallait, d'autre part, que le terrain se trouvât sur une grande voie et avec les dégagements nécessaires pour permettre l'édification d'un monument digne des richesses qu'il devait contenir.

Après de nombreuses recherches, l'Administration a fixé son choix sur deux terrains contigus dont la réunion forme à peu près une surface de 4 000 mètres, et qui sont situés place d'Iéna, à l'angle de l'avenue de ce nom et de la rue Boissière.

La situation de la place d'Iéna répondait parfaitement à toutes les conditions du programme; malheureusement les terrains voisins, dont la vente avait eu lieu récemment, ressortaient à 400 francs du mètre, ce qui pour 4 000 mètres, aurait mis à la charge de la Ville une dépense de un million six cent mille francs (1 600 000 fr.).

La délibération du Conseil étant formelle en ce qui concerne la dépense, l'Administration a dû négocier longuement avec les propriétaires de ces deux terrains, MM. Grienenger et d'Erlanger, pour les amener à consentir un abaissement de prix en rapport avec celui indiqué par ladite délibération.

Grâce à l'intervention officieuse d'un des grands propriétaires du quartier, MM. Grienenger et d'Erlanger ont enfin acquiescé aux propositions de l'Administration et, par une lettre du 5 octobre dernier, se sont engagés, le premier, à céder son terrain de 3 067 mètres, à l'angle de l'avenue d'Iéna et de la rue Boissière, au prix à forfait de 775 000 francs, et le second, à céder la surface nécessaire pour compléter l'emplacement du musée, sans que, toutefois, ce complément puisse dépasser 900 mètres carrés, au prix de 250 francs le mètre.

Ce résultat, communiqué à M. le ministre de l'Instruction publique e des Beaux-Arts, a reçu son approbation sans restriction aucune, et le proje d'acquisition du terrain de la place d'Iéna a été également approuvé pa M. Guimet. M. le Ministre a seulement insisté pour que l'affaire fût sou mise d'urgence au vote du Conseil municipal.

Dans ces conditions, il ne reste plus, Messieurs, qu'à traiter la questio des voies et moyens. Aux termes de leur engagement, MM. Grienenger e d'Erlanger ont accepté le paiement de leur prix respectif en trois annuité et par tiers, avec intérêts à 5 pour 100 à partir du 15 octobre 1885, le ver sement de la première annuité devant être effectué le 15 octobre 188 seulement.

Il n'y aurait donc lieu de porter au budget supplémentaire de 188 qu'une provision de 100 000 francs pour faire face aux frais de réalisatio du contrat de vente, dépense qui pourra être prélevée, jusqu'à due concur rence sur celle de 119 912 fr. 93 résultant de bonis réalisés et de rabai d'adjudications, sur travaux de grosses réparations et amélioration d'édi fices municipaux divers (chap. XLII, § 13, art. 35 A, de la situation semes trielle du 31 mars 1885).

Cette somme de 100 000 francs ne doit d'ailleurs être considérée qu comme une avance de la ville de Paris, qui obtiendra la déclaration d'uti lité publique et rentrera ainsi dans ses déboursés.

Au budget de 1886 serait inscrite la première annuité, soit.	333 333 3
plus les intérêts d'un million, du 15 octobre 1885 au 15 octobre 1886, soit.	50 000
Ensemble. . .	383 333 3

En ce qui concerne les deux dernières annuités avec les intérêts y aff rents, elles pourraient être sans peine prélevées en 1887 et 1888, soit su les crédits de l'emprunt, soit sur les ressources ordinaires du budget.

Dans ces conditions, votre Commission, Messieurs, vous propose d sanctionner les pourparlers engagés entre M. le Préfet de la Seine MM. Grienenger et d'Erlanger. Vous assurerez ainsi à Paris la possessio d'un musée unique en son genre, et vous montrerez une fois de plus qu le Conseil municipal sait ne rien négliger lorsqu'il s'agit de la prédomi nance intellectuelle de Paris.

En terminant, Messieurs, je vous rappellerai que la convention passé entre l'État et M. Guimet a été approuvée par une loi du 7 août dernie et que cette loi a en même temps ouvert, au ministre de l'Instructio publique et des Beaux-Arts, sur l'exercice 1885, la première annuité d contingent de l'État dans la construction du nouveau musée.

Il ne dépend donc plus que de vous d'assurer la prompte mise à exécu tion de cette œuvre si intéressante, et cette éventualité vous semblera, je l'espère, suffisante pour que vous adoptiez, le plus tôt possible, le projet de délibération suivant.

Paris, le 18 novembre 1885.

Le rapporteur,
F. HATTAT.

Les conclusions de ce rapport ont été adoptées par le Conseil municipal dans sa séance du 15 décembre, avec de légères modifications introduites par un amendement de M. Réty. Rien ne s'oppose donc plus à la mise en train des travaux.

COLLABORATEURS

DU MUSÉE GUIMET

Conférences. — Travaux publiés dans les Annales, la Bibliothèque d'Études, la Bibliothèque de Vulgarisation, la Revue de l'histoire des religions. — Missions. Renseignements et services divers.

Aal (A.), docteur en philosophie.
Alphandéry (P.), secrétaire de la *Revue de l'histoire des religions.*
Alwyss (C.).
Amélineau (E.), maître de conférences à l'école des Hautes Études.
Arakélion (H.), rédacteur au journal arménien *Mschak.*
Arbois de Jubainville (H. d'), membre de l'Institut.
Assier de Pompignan, lieutenant de vaisseau.
Audollent (A.), professeur à l'Université.
Aymonier (Étienne), directeur de l'école coloniale.

Babelon (E.), membre de l'Institut.
Baissac.
Baldensperger.
Barth (A.), membre de l'Institut.
Bastian (A.), conservateur du musée royal d'Ethnographie, à Berlin.
Bazin (H.), professeur de l'Université.
Beauvois (E.).
Bénazet (Al.), attaché au musée d'Ethnographie, au Trocadéro.
Bérard (V.), professeur à l'école des Hautes Études.
Berger (Philippe), membre de l'Institut.

Besse (Dom J.).
Blochet (E.), bibliothécaire à la Bibliothèque Nationale.
Blonay (G. de).
Boissier (Gaston), membre de l'Institut.
Bonet-Maury, professeur à la Faculté de théologie protestante.
Bonnet (Dr Ed.).
Bouché-Leclercq (A.), membre de l'Institut.
Bouinais (le lieutenant-colonel).
Bourquin (A.).
Bruce (D.), pasteur.
Bugiel (Dr. V.).

Capart (Jean), conservateur des musées royaux d'art décoratif Bruxelles.
Carnoy (H.), professeur de l'Université.
Carrière, professeur à l'école des Langues orientales vivantes.
Carthailac (E.), correspondant de l'Institut.
Castrées (le comte H. de).
Chabas (F.).
Chaignat (A.-Ed.), recteur honoraire.
Chaillé-Long Bey (Le colonel).
Chassinat (E.), directeur de l'Institut français d'archéologie, au Caire
Chavannes (Ed.), membre de l'Institut.
Chevalier (Henri).
Clermont-Ganneau (C.), membre de l'Institut.
Colson (Dr Al.).
Conybeare (Fr.).
Coquart (E.).
Coquart (Étienne).
Cordier (Henri), professeur à l'école des Langues orientales vivantes.
Courdavaux (V.).
Couve (L.).
Courant (Maurice), maître de conférences à l'Université de Lyon.

Dareste (R.), membre de l'Institut.
Darmesteter (James), directeur des études à l'école des Hautes Études.
Decharme (P.), professeur à la Sorbonne.
Decourdemanche.

Deramey.
Derenbourg (Hartwig), membre de l'Institut.
Deshayes (E.), conservateur-adjoint du musée Guimet.
Dollfus (L.).
Dottin (G.).
Doutté (E.), professeur à l'école supérieure des Lettres, à Alger.
Dumont (Jean), gardien-chef du musée Guimet.
Dumoutier (G.), directeur de l'enseignement, au Tonkin.
Dupuis (J.).
Duruy (Victor), membre de l'Institut.
Dussaud (R.).

Ebersolt (J.).
Edkins (J.).
Eichthal (G. d').
Eitel (E).
Esmein (A.), professeur à la Faculté de droit.

Fagnan, professeur à l'école supérieure des Lettres, à Alger.
Faye (Eugène de), professeur à l'école des Hautes Études.
Feer (Léon), bibliothécaire à la Bibliothèque Nationale.
Finot (L.), directeur de l'École française d'Extrême-Orient.
Fonssagrives (Le commandant).
Forestier (Charles), attaché au musée Guimet.
Fossey (C.), docteur ès lettres.
Foucart (Georges), professeur à l'Université de Bordeaux.
Foucaux (Ph.-Ed.), professeur au Collège de France.
Foucher (A.), professeur à l'école des Hautes Études.
Fournereau (L.).
Fujishima (Ryauon).

Gaidoz (A.), professeur à l'école des Hautes Études.
Galiment (Henri), attaché au Musée Guimet.
Garcin de Tassy, membre de l'Institut.
Gayet (Al.).
Gerson da Cunha.
Goblet d'Alviella (le comte), professeur à l'Université libre de Bruxelles.

Goldziher (J.), professeur à l'Université de Budapesth.
Grandjean (J.).
Grasserie (Raoul de la), correspondant du ministre de l'Instruction publique.
Groot (J.-J.-M. de), professeur à l'Université de Leyde.
Gubernatis (A. de), professeur à l'Université de Rome.
Guérinot (A.), docteur ès lettres.
Guimet (Émile), directeur du musée Guimet.
Guyard (S.), professeur au Collège de France.

Habel (S.).
Halévy (J.), professeur à l'école des Hautes Études.
Happel (J.).
Harlez (Mgr C. de), recteur de l'Université de Louvain.
Henry (V.), professeur à la Sorbonne.
Hignard (Henri), professeur à la Faculté des Lettres de Lyon.
Hild (J.-A.), doyen de la Faculté des Lettres de Poitiers.
Hong Tjyong-Ou.
Hooykaas (J.).
Horts.
Huart (Clément), professeur à l'école des Langues orientales vivantes.
Huber (Marcel), attaché au musée Guimet.
Huet (Gédéon), sous-bibliothécaire à la Bibliothèque Nationale.

Imbault-Huart (C.), consul de France en Chine.
Ivanowski (A.-O.).

Kawamoura (Sirô).
Kern (H.), professeur à l'Université de Leyde.
Knappert (L.), professeur à l'Université de Leyde.
Konig (X.), pasteur à Tonneins.
Koulikovski, professeur à l'Université de Kharkov.
Kuenen (A.), professeur à l'Université de Leyde.

Lafaye (Georges), professeur à la Faculté des Lettres de Paris.
Lanoye (A.).
Laune (A.).
Leblois (L.).

Lechat, professeur à l'Université de Lyon.
Leclère (Adhémard), résident de France au Cambodge.
Lefébure (E.), professeur à la Faculté des Lettres d'Alger.
Lefèvre-Pontalis (Pierre), secrétaire d'Ambassade).
Leger (L.), membre de l'Institut.
Legrain (G.).
Legrand.
Lenormant (F.), membre de l'Institut.
Lévi (Sylvain), professeur au Collège de France.
Lévy (Isidore).
Lieblein (J.), professeur à l'Université de Christiania.
Locard (Arnould).
Lods (Ad.), professeur à la Faculté de théologie protestante.
Loeb (J.).
Loret (V.), professeur à l'Université de Lyon.
Luguet (G.-H.), professeur de l'Université.

Macler (Fr.), attaché à la Bibliothèque Nationale.
Marillier (L.), professeur à l'école des Hautes Études.
Maspero (G.), membre de l'Institut.
Massebicau (L.), professeur honoraire de l'école des Hautes Études.
Matsounami.
Mauss (M.), maître de conférences à l'école des Hautes Études.
Menant (Joachim), membre de l'Institut.
Menant (Mlle D.).
Ménard (Louis), docteur ès lettres.
Meunier-Rivière (F.), aide-bibliothécaire au musée Guimet.
Millioud (A.).
Milloué (L. de), conservateur du musée Guimet.
Minas Tchéraz.
Minayeff (I.-P.).
Modi (Jivandji-Jamsedji).
Monseur, professeur à l'Université de Liège.
Montet (Ed.), doyen de la Faculté de théologie de Genève.
Moret (A.), maître de conférences à l'école des Hautes Études.
Mortillet (G. de), conservateur-adjoint au musée de Saint-Germain.
Motoyoshi (Saïzau).
Mourier.

Müller (F.-Max), membre de l'Institut.
Mutu Coomara-Svâmy (Sir).

Nau (l'abbé F.), docteur ès sciences.
Naville (Ed.), professeur à la Faculté de Genève.
Nicolas (A.), premier interprète de la légation de France à Téhéran.
Nicolas (Michel).

Oldenbourg (S. d').
Oltramare (P.), professeur à l'Université de Genève.
Oort (H.).

Paris (P.), professeur à la Faculté des Lettres de Bordeaux.
Perrot (G.), membre de l'Institut.
Philastre (P.-L.-F.), lieutenant de vaisseau.
Philippe (J.).
Picavet (F.), professeur à l'école des Hautes Études.
Piepenbring (Ch.), pasteur à Strasbourg.
Pierret (Paul), conservateur du musée du Louvre.
Pinches (Theophilus), ancien conservateur du British Museum.
Pineau (Léon), professeur à l'Université.
Ploix (Ch.), ingénieur de la marine.
Pressensé (de).
Price (Ira-Maurice).
Psichari (J.), professeur à l'école des Langues orientales vivantes.
Puymaigre (le comte de).

Quentin (A).

Rau (Ch.).
Ravaisson-Mollien, membre de l'Institut.
Raynaud (G.), maître de conférences à l'école des Hautes Études.
Rébelliau (A.), bibliothécaire de l'Institut.
Régamey (Félix).
Regnaud (Paul), professeur à l'Université de Lyon.
Reinach (Salomon), membre de l'Institut.
Renel (Ch.), professeur à la Faculté de Lyon.
Réville (Albert), professeur au Collège de France.

Réville (Jean), directeur d'études à l'école des Hautes Études, directeur de la *Revue de l'histoire des religions*.

Revilloux (E.), conservateur-adjoint du musée du Louvre,

Réalle (Gérard de), ministre de France.

Ricci (Seymour de).

Rockhill (W. Woodville).

Rosny (Léon de), professeur à l'école des Langues orientales vivantes.

Rovers (A.-N.).

Sabatier, doyen de la Faculté de théologie de Paris.

Sainéau (Lazare).

Sayce (H.).

Sayous (E.), professeur à la Faculté des Lettres de Paris.

Scheil (le P. V.), professeur à l'école des Hautes Études.

Schlagintweit (Émile).

Schoebel (Ch.).

Sébillot (P.), secrétaire général de la Société des Traditions populaires.

Sénart (E.), membre de l'Institut.

Sénathi Bâja (E.-S.-W.).

Sichler (L.).

Siéroszewski (W.).

Snouck Hurgronje.

Söderblom (Nathan), professeur à l'Université d'Upsal.

Soldi-Colbert de Beaulieu (E.).

Souriau.

Speijer (J.-S.).

Spooner (J.).

Strehly (G.), professeur de l'Université.

Strong (S. Arthur).

Sylva (Lewis da).

Tcheng-Keng.

Tcheng-ki-tong (le général).

Tchikadzumi (J.).

Terrier (Ch.).

Thomas (N.-W.).

Tècle (C.-P.), professeur à l'Université de Leyde.

Toki (Horiou), supérieur du temple de Mitani-dji, Japon.

Tomii (M.-A.), membre de la Chambre des Pairs, doyen honoraire de l
Faculté de droit de Tòkiò.

Toutain (J.), professeur à l'école des Hautes Études.

Vallée-Poussin (Louis de la).

Van Genep (A.).

Van Hamel, professeur à l'Université de Groningue.

Vérissimo (José).

Vernes (Maurice), maître de conférences à l'école des Hautes Études.

Vinson (J.), professeur à l'école des Langues orientales vivantes.

Warren (S.-J.).

Wassilieff (W.).

Welhausen (J.).

Withney (W.).

Wiedemann (A.), professeur à l'Université de Bonn.

Yamata, consul du Japon, à Lyon.

Ymaïzoumi (Y.), directeur des musées impériaux, à Tòkiò.

Zeitlin (Maurice).

Ce sont aussi de véritables collaborateurs, et non des moi dévoués, que le musée a rencontrés dans les nombreuses perso nalités qui lui ont prêté leur puissant concours au moment sa cession à l'État et de son transfert à Paris, et nous somm heureux d'adresser ici un chaleureux remerciement, parmi l ministres, à

MM.

Jules Ferry,

René Goblet,

Durand,

Fallières,

Lockroy,

parmi les députés et sénateurs, à

MM.

Jules Roche,

Clémenceau,

Deluns-Montaud,

Léon Bourgeois,

Burdeau,

Aynard,

Marmottant,

Georges Berger,

Charles Dupuy,

Floquet,

Étienne,

Cochery,

Henri Boucher,

Barodet,

Hovelacque,

Deloncle,

Beauquier,

Bouge,

Cordier,

Boysset,

Fernand Faure,

Granet,

Guyesse,

Guillaumou,

Baron de Mackau,

Million,

De Ramel,

Saint-Germain,

Spuller,

Thévenet,

Édouard Millaud,

M. Berthelot,

Constant,

Challemel-Lacour,

De Freycinet,

Hébrard,
Le Royer,
André Lavertujon,
Munier,
Perras,
Schœlcher,
Jules Simon,
Waddington ;

au Conseil municipal, à

MM.

Yves Guyot,
Hattat,
Delhomme,
Cernesson,
Strauss,
Depasse,
Rousselle,
Despatys,
Sauton,
Longeret,
Levraud,
Chautemps,
Rouanet,
Mesureur,
Georges Berry,
Pipereau,
Ordinaire,
Maurice Binder,
Jacques,
Pichon,
Richard,
Marius Martin ;

au ministère de l'Instruction publique et des Beaux-Arts, à

MM.

Rambaud, chef de cabinet de M. Jules Ferry,

Xavier Charmes, directeur du Secrétariat et de la Comptabilité,
Albert Dumont, directeur de l'Enseignement supérieur,
F. Buisson, directeur de l'Enseignement primaire,
Billotte,
R. de Saint-Arroman,
Lucien Franche,
Passier,
Leroy;

à la Préfecture de la Seine, à

MM.

Oustry,
Poubelle,
Alphand,
Renaud,
Menant,
Truche,
Lemor,
Deslongchamps-Deville;

dans le monde savant, à

MM.

Paul Bert,
Ch. Scheffer, membre de l'Institut,
Barbier de Meynard, membre de l'Institut,
Oppert, —
A. Barth, —
A. Bouché-Leclercq, —
J. Menant, —
L. Heuzey, —
Ravaisson-Mollien, —
A. Bergaigne, —
Hamy, —
H. Derenbourg, —
Michel Bréal, —
G. Maspero, —

Henri Cordier,
Léon Feer,
Carrière,
Vinson,
G. de Mortillet,
A. Landrin ;

dans la Presse, à

MM.

Escoffier,
Caze,
Al. Hepp,
Camille Dreyfus,
Ed. Théry,
Sabatier-Barthens,
Mayet,
Georges Leygues,
Thiébaud-Sisson,
Arsène Alexandre,
Guy Tomel,
R. Marzac,
Jacques Volaud,
Guénaudeau,
F. Fos,
Bois-Glavy,
P. Roche,
P. Brao,
Formentin,
H. Chabrier,
Arthur Loth,
G. Clémenceau,
Edmond Stoullig,
Paul de Cassagnac,
Jules Bois,
Grosclaude,
Michel Anézo,
Blosseville,

Gaston Calmette,
Victor de Cottens,
Jacques Breton,
J. Cardanne,
Chécot,
Chélard,
H. Dreyfus,
André Vervoort,
Vannes,
Maxime Vuillaume,
Jules Demolliens,
Santillane,
A. de Ricaudy,
Gaston Leroux,
G. Stiegler,
A. Flament,
E. Haraucourt,
G. Maurey,
Ph. Dubois,
C. Duguet,
René de Pont-Jest,
J. Cornély,
Lissagaray,
Fernand Xau,
Jean Villemer.

Etc.

DONATEURS D'OBJETS

DE COLLECTION

Mme

Adam. — Un Prêtre tibétain, bronze.

MM.

Allemant (E.). — Vase canope en albâtre.

Statuette terre cuite égypto-romaine : *Horus* portant *Osiris*.

Figurine égyptienne, en savon : Le dieu *Chons*.

D'Attanous (Le comte). — Statue en terre cuite tonkinoise, peinte après cuisson : Le dieu du *Rang*, ou des *Honneurs*, portant un sceptre de la main droite. A sa gauche, un jeune enfant tenant un vase à fleurs.

Béna Fulda. — Petite potiche, porcelaine de Chine, à décor européen, à pied ajouré, décorée en grisaille de deux médaillons représentant Énée et Didon, et reliés par des médaillons plus petits à décor de fleurs.

Bernstein (Mme). — Porte-bonheur, donné en souvenir d'un examen heureux, en bois, bronze et pierres dures, affectant la forme de la pierre sonore *Yû-ki*.

Bertrand (Claude). — Moulage en plâtre d'une tête gallo-romaine, à type asiatique, trouvée à Vichy.

Bertrand (Claude), à Moulins. — Un moulage d'un bronze gallo-romain trouvé à Vichy.

Barthélemy (Marquis de). — Une coupe grès, Chine.

Un écran feuille de palmier.

Barth. — Un bol contenant l'image de Krichna porté par Vasoudéva, Inde.

Baron de Baye. — Fragment de sculpture sur pierre, Java?

Beauregard (Ollivier). — Vingt-sept objets : bijoux, parures, étoff scarabées, amulettes, papyrus, dessin sous verre, statuettes pı venant de l'Égypte, du Siam, du Tonkin, de Java.

Une collection de 26 bijoux et objets de parure.

Une ceinture étoffe (Java).

Une jupe étoffe (Java).

Deux écharpes étoffe (Java).

Berthelier. — Une statue d'une divinité du Tonkin.

Bing (S.). — Bouteille grès, émail jaune verdâtre à coulées brunes légèı ment aventurinées. Au-dessous l'inscription : Koitsudo Sandjin

Deux grandes théières grès brun, en forme de tiges de bambo réunies en faisceaux, décorées de branches de bambou ajouré du genre dit Boccaro.

Coupe grès brun (Boccaro), percée d'un trou au milieu, en forme pêche, accompagnée de branches et de fruits plus petits. Les bra ches et les fruits sont très largement modelés, et de la même ter brune que la coupe.

Statuette en bois doré (XVIIIe siècle), dans une chapelle en laq aventurine : *Daï-Ko-Kou,* dieu de la richesse, debout sur s ballots de riz.

Statue en bois laqué du XVIe siècle, représentant une supérieure religieuses bouddhistes, Japon.

Blanc (Edouard). — Cinq idoles Bouriates.

Un tapis.

Un bonnet de Chamane.

Bloch (Mme). — Une tiare. Tibet.

Une statuette de Ganéça. Inde.

Deux masques. Tibet.

Une cuillère à sacrifice. Inde.

Une boîte à encens. Inde.

Une statuette de Krichna. Inde.

Une canne de lama tibétain.

Blondeau. — Un bol faïence de Minato.

Bonin (Mission). — Quatre-vingts objets du Tibet : deux trompettes cérémonie, une trompette en os humain, un tambour à mai un foudre, une sonnette, une aiguière.

Bonnal. — Disque, en forme de miroir, en marbre veiné noir, sur un socle en bois de fer sculpté, représentant des nuages.

Cloche chinoise en bronze, suspendue à un portique en bois laqué rouge et brun.

Bory. — Une petite momie. Égypte.

Une terre cuite. Égypte.

Fragments d'étoffes égyptiennes.

Boucher (de Rouen). — Deux divinités égyptiennes.

Bouillet (l'Abbé). — Statuette bronze : Prêtre bouddhiste birman.

History and doctrine of Buddhism, popularly illustrated, by Edward Upham. Londres, 1829.

Boulloche. — Statuette bois sculpté enluminé (Annam) : Personnage accompagné d'un enfant.

Statuette bois sculpté enluminé (Annam) : Femme, ou déesse, allaitant un enfant.

Statuette bois sculpté enluminé (Annam) : Personnage tenant un sceptre (probablement un philosophe divinisé) assis sur un fauteuil entre deux enfants.

Deux statuettes bois doré (Annam) représentant des génies.

Bourquin (A.). — Deux statuettes chinoises, en lardite, représentant des *Chéns* ou philosophes divinisés.

Bouteiller (De). — Petite statuette, bronze birman : Bouddha debout sur un lotus.

Deux plaques sonores de forme triangulaire en bronze birman.

Pagode en bronze découpé renfermant un Bouddha assis. Birmanie.

Statuette en bronze birman : Bouddha debout tenant un fruit de la main droite.

Statuette bois noir birman : Bouddha assis.

Mannequin funéraire birman, en carton bourré de paille, tête et pieds dorés.

Trois livres bouddhiques birmans, écrits en laque noire sur feuillets composés de morceaux de robes de prêtres, laqués et dorés.

Manuscrit Shan sur étoffe de coton.

Brazier (D[r]) et **Dublain** (H.). — Une collection de quatre-vingt-dix-sept objets : Divinités, peintures sur verre, nécessaire à betel, armes, socles, brûle-parfums, pelle à brûle-parfums, porte-bouquets en bronze, cuivre, argent, bois, marbre, pierre, provenai du Siam, du Cambodge, de l'Inde, de la Chine, de l'Annam, d Tibet, du Japon, du Mexique.

Breton. — Plaque terre cuite indienne : Prîthivî sur un tigre.
Plaque terre cuite indienne : Dourgâ, déesse de la destruction.

Bruyère. — Trois scarabées égyptiens. Un collier égyptien. Trois fig rines égyptiennes. Ces objets ont été trouvés à Lyon-Loyasse.

Buge (L'Amiral). — Deux grandes statues bois, représentant les serv teurs de la déesse de la mer. Chine.

Une chimère pierre.

Une statuette bois.

Burty (Philippe). — Boîte à cachet à trois compartiments, en laqu rouge décorée du Fouzi-yama et du paysage environnant repr senté par quelques cimes d'arbres et des voiles dans le lointain.

Cacaut. — Une pagode ivoire.

Calame (de Lausane). — Dix miniatures indiennes sur papier, av inscriptions en persan.

Callery (A.). — Une grande impression sur papier fond noir représe tant un personnage chinois.

Capitan (D^r). — Un vase de porcelaine enduit de sulfure rouge d'arseni

Un objet ancien, bronze.

Chaplet, à Choisy-le-Roi. — Vase en grès décoré par le cuivre sur le c et l'épaulement : de taches vertes de différents tons, frangées (rouge ; sur la panse d'une inscription en rouge. Le reste de panse, l'intérieur et le dessous du vase, sous couverte translucic et craquelée à l'aspect grisâtre.

En dessous, écrit en bleu sous la couverte une marque d'essai : O *bi* Fabrication de M. Chaplet.

Charvet. — Album des vues du Japon, Estampes.

Chavant. — Extrémité de gargouille, terre cuite gallo-romaine, repr sentant une tête humaine, trouvée au Parc de la Tête d'Or à Lyo

Chevrillon (André). — Deux manuscrits sur feuille de palmier.

Clémenceau (Georges). — Théière en grès, de forme basse et octog nale, décorée en bas-relief à la partie supérieure de scènes à pe sonnages chinois, à la partie inférieure de rinceaux et fleurons.

Théière en grès, émail noir à reflets mordorés, forme ovoïde, cou vercle en ivoire.

Vase à eau grès, en forme de courge ayant conservé une partie de sa tige et des feuilles. Émail brun jaune recouvrant le fruit, et émail vert sur les feuilles. En dessous la marque gravée « Sén ».

Sept kogos formes Hoteï dans son sac, canard, chimère, pomme de pin, dauphin, grelot, Daï kokou.

Okimono représentant un blaireau au ventre enflé.

Théière faïence de Kin Kozan.

Trois kogos, formes : moineau, coquillage, fruit triangulaire.

Un kogo forme coquillage.

Cinq kogos, formes : boîte, écran, nœud, rocher surmonté d'une tortue, magatama.

Un kogo forme perle mystique.

Un kogo forme poupée,

Deux kogos formes : casque, oiseau.

Deux kogos formes : oiseau, grue.

Un kogo (boîte à parfum) forme de voiture. Japon.

Deux théières boccaro. Chine.

Deux kogos formes : Okamé, aubergine.

Un vase à eau forme de crapaud.

Un kogo forme bateau, porcelaine.

Un tchasen, moussoir en bambou pour préparer le thé.

Deux tabatières chinoises.

Un vase imitant la vannerie, porcelaine.

Un kogo forme grue, porcelaine.

Un kogo forme grue.

Un okimono (objet d'étagère) formé d'un groupe de deux grues, porcelaine de Hizen.

Trente-cinq kogos de formes et provenances diverses, formes : canard, caille, oiseau, poisson, chimère, courge, sac de Daïkokou, faisan, lapin, crabe, tortue, dromadaire, papillon, lapin, Hotéï, bœuf couché, enfant appuyé sur un sac, tige de bambou.

Huit kogos formes : courge, cédral main de Fo, pousse de bambou, poisson, blaireau au gros ventre, bobine, forme pentagonale.

Clerc (Commandant). — Douze objets en terre cuite trouvés à Djerba. Algérie.

Cogniart (Le capitaine). — Une frise bois sculpté.
Un panneau pierre ajourée.

Collé. — Une théière Boccaro.

Collin de Plancy. — Une collection de poteries coréennes.

Les objets de la fête des charpentiers au Japon.

Les poupées et objets de la fête des petites filles au Japon.

Un Rakan, terre, reproduction d'une ancienne statuette japonaise.

Trois monnaies coréennes.

Couenoud. — Un dessin japonais.

Dambmann. — Tabatière, porcelaine chinoise, enforme de gourde décorée sur fond jaune et en relief de petites gourdes avec leur feuilles et leurs tiges et entre ces gourdes des chauves-souris violettes

Delamarre. — Une statuette bois. Japon.

Deroche. — Œil de momie, provenant de la nécropole d'Ancon. Pérou.

Desbans. — Çâkya mouni assis, cuivre.

Deshayes (Émile). — Petite gourde en terre greyeuse blanche et tendre sous couverte grisâtre craquelée, munie de deux anses, et décorée de sagittaires en bleu sous couverte.

Düez (Mlle). — Tableau de M. Rondet, représentant une vue du Temple d'Angkhor-Watt.

Deux fragments de sculpture, provenant du même temple, rapportés par M. Rondet.

Dumoulin (Louis). — Vingt-quatre tableaux et études, vues et scènes du Japon et de l'Inde.

Dumoutier (G.). — Petite statuette annamite, grossière, entourée de quelques fils de soie, amulette trouvée dans la ceinture d'un pirate supplicié au Tonkin.

Amulette : formule écrite en chinois sur un morceau de papier e enveloppée dans un morceau de soie rouge, trouvée dans l'intérieur d'une statue de Bouddha.

Trois statues de bois doré représentant les trois Bouddhas.

Statue de bois peint : Giac-Hoa-Phat les mains jointes.

Statue de bois peint : Ri-Da tenant une perle.

Statue de bois doré : Ri-Lac (Pou-taï).

Statue de bois peint : Tho-Dia-Long-Than, dieu du sol.

Statue de bois peint : Ngoc-Hoang, l'Empereur céleste.

Statue de bois peint : Bac-Dao, dieu de l'Étoile du Nord.

Statue de bois peint : Nam-Tao, dieu de l'Étoile du Sud.

Statue de bois peint : le dieu Quan-thanh-Dé-quan.

Statue de bois peint : le dieu Quan Binh.

Statue de bois peint : le dieu Châu Xuông.

Statue de bois peint : le dieu Chuân-Dé ou Çiva,

Statue de bois peint : Quan-âm Bak-te, autre forme de Çiva,

Statue de bois peint : Phat-Ba Quan-âm (Kouan-yin) dieu de la charité.

Statue de bois peint : Ananda, un des principaux apôtres de Bouddha.

Statue de bois peint : Ananda.

Statue de bois peint : le dieu Ti-Lu.

Statue de bois peint : Van-Thu, dieu de la science, sur un lion vert.

Statue de bois peint : Pho-Hién, sur un éléphant blanc.

Statue de bois peint ; Quan-âm (Kouan-yin) tenant un enfant.

Statue de bois doré : Le Bouddha naissant.

Statue de bronze : le dieu An-Thuyên.

Statue de bois peint : Tho-dia Long than, dieu du sol.

Statue de bois peint : Ngoc-Hoang, l'Empereur céleste.

Statue de bois peint : Bac-Daò, dieu de l'étoile du Nord.

Statue de bois peint : Nam-Taò, dieu de l'étoile du Sud.

Statue de bois peint : Chau-Xuong.

Statue de bois peint : Quan-âm-toa So'n (Kouan-yin) avec l'enfant et le perroquet.

Groupe de bois sculpté : La naissance du Bouddha entouré de neuf Cu'u-Loug ou dragons et de vingt autres statuettes.

Statue de bois peint : le Dieu Dai Thanh.

Statuette de bois peint ; Quan-âm.

Statue de bois peint : Ba-Lieu-Hang.

Statue de bois peint : Tuyet-son.

Statue de bois peint : Kim-Cu'o'ong.

Trois statues de bois peint représentant la trinité philosophique : Khong-tseu ou Confucius, Meng-tseu, et Teng-tseu.

Duseigneur (Raoul). — Théière, grès brun, dit Boccaro, décorée, en relief de pâte rapportée, de branches de fleurs et de lapins ; quelques-uns des bas-reliefs sont faits en pâte blanche.

Théière en Boccaro brun décorée, en pâte brune et grise rapportée, de rameaux de vigne.

Duseigneur (Georges et Raoul). — Vase, forme balustre, faïence Satzouma décoré de chrysanthèmes en fleurs et d'ornemer enrubannés, en émaux blanc, bleu, vert, or et rouge de fer. Ra porté du Japon par M. Piquet.

Dix estampes japonaises.

Vase en jade blanc mat, dit jade brûlé.

Dussuc. — Vase à fleurs, applique, *Kaké-Hanaïké*, en porcelaine Hizen, représentant une tige de bambou devant laquelle un tig est assis.

Dutreuil de Rhins. — Une statuette de Çâkya-thub-pa, Ladak.

Un cylindre à prières.

Egypt exploration fund. — Partie inférieure d'une statue en grar portant deux cartouches au nom de Ramsès II, ou Sésostris.

Fragment d'une statue de granit avec inscription accompagnée cartouches au nom et prénom de Ramsès II.

Enrich. — Assiette en grès de Oribéi, potier d'Ovari.

Coquille en faïence de Rakou.

Grue en faïence de Rakou.

Farges. — Deux fragments quadrangulaire en bronze décorés d'anneau

Un petit osiris bronze.

Un objet ovale décoré d'une tête et du Swastica.

Un intaille.

Forbin (Victor). — Vase à trois pieds, en terre cuite, trouvé à Ric Chico, département de Chiriqui, Amérique centrale.

Foucaux (Ph.-Éd.). — Manuscrit tibétain écrit en or sur feuilles noire

Fournereau. — Un fragment de monument indo-chinois.

François. — Un tambour bronze chinois.

Frandon. — Plaque sonore en fer, suspendue à un portique.

Assiette porcelaine de Hizen, décorée de fleurs et de paysages en o bleu et rouge.

Assiette porcelaine de Hizen, décor rouge et or et émaux bleu et ver

Assiette hexagone, porcelaine de Hizen, décorée sur les bords d'u semis de fleurs bleues et, au centre, de ces mêmes fleurs réservé en blanc sur fond bleu en pavage.

Support forme losange à quatre pieds arqués reposant sur une plate-forme élevée elle-même sur quatre pieds plus bas. Les quatre grands pieds sont renforcés par une colonnette centrale et entourée d'une branche fleurie en plein relief. Porcelaine de Hizen.

Assiette ronde aux bords festonnés et à décor polychrome portant au-dessous la marque : *Ta-Ming Tching-Hoa nien-tchi* « Fabriqué sous la période Tching-Hoa (1465-1488) de la dynastie des Ming. » Porcelaine de Hizen antidatée.

Assiette porcelaine décorée, en bleu sous émail, de fleurs ornemanisées au centre, sur les bords, de rinceaux de feuillages. Porcelaine de Hizen.

Assiette porcelaine de Hizen décorée, en bleu sous émail, de fleurs et de médaillons.

Deux feuilles d'album, impression en couleur, représentant des Guechas. Signé : Shigué harou.

Deux feuilles d'album, impression en couleur, représentant le même sujet, du même.

Deux feuilles d'album, impression en couleur, représentant le même sujet, du même.

Assiette ronde, porcelaine de Hizen, aux bords festonnés et à décor polychrome. En dessous la marque : *Fou-ki Chô-soun* « Fortune et Longévité ».

Soucoupe porcelaine de Hizen à décor polychrome.

Coupe ronde à décor polychrome. Porcelaine de Hizen.

Coupe porcelaine de Hizen, en forme de fleur épanouie, porcelaine sous couverte blanc céladonné, décorée de trois pavillons en bleu sous émail.

Coupe porcelaine de Hizen, à bords festonnés et lobés, décorée de fleurs en bleu sous émail.

Assiette porcelaine de Hizen, décorée, en bleu sous émail de plantes ornemanisées parmi lesquelles des feuilles de *Kiri* et des papillons.

Assiette porcelaine de Hizen, à bords légèrement festonnés et décorée en bleu sous couverte.

Assiette porcelaine de Hizen, décorée, en bleu tendre sous couverte, de personnages examinant un makémono.

Cinq porcelaines chinoises, vases, brûle-parfums, assiettes.

Une reproduction d'un petit pied de chinoise.

Un brûle-parfums faïence. Japon.

Une peinture chinoise, arbre, fleurs, oiseaux. Chine.

Un tableau incrusté ivoire sur bois, scène à personnages.

Sept estampages d'inscriptions. Chine.

Un lambrequin. Chine.

Foucher. — Huit photographies, sculptures du Gandara.

Gandouin. — Coupe oblongue, en faïence de Satzouma, décorée e émaux polychromes sur fond craquelé et cendré d'or. Au fond d la coupe : fleurs et oiseaux ; sur les bords : médaillons à mosaïqu variées ou représentant des fleurs ou des enfants jouant avec un boule de neige.

Gasnault (P.). — Une collection de 80 sceptres chinois en jade, crist de roche, ivoire, or massif, fer, bronze, émail cloisonné, cuivr émaillé ; en bois naturel poli, incrusté, orné de sculptures en dif férentes matières ; en porcelaine, en laque de Pékin, en mét surmonté d'ornements en plumes de martin-pêcheur et en pierr précieuses.

Une collection de quinze sceptres japonais bois, fer, bronze.

Un bol en poterie de Yousetsou. Japon, XIXe siècle.

Une coupe à trois pieds. Japon.

Trois divinités terre cuite. Inde.

Gillot. — Divinité mexicaine en pierre dure.

Une collection de photographies de bronzes de sa collection.

Godmarie (de). — Trois peintures indiennes sur verre représentant le dieux Krishna, Kâma et Garouda.

Goffart. — Mandara terre cuite portant l'empreinte de la main de Koobo Daishi. Japon.

Goubert. — Une divinité bois peint. Chine.

Gouyou. — Vase, porcelaine de Hizen, de forme hexagone, souten par deux enfants. Porcelaine sous couverte blanche légèremen céladonnée.

Un Çàkyamouni bois. Japon.

Grand prêtre d'Assaksa. — Fragment d'une vieille peinture sur soi représentant neuf des mille Amidas, montée en reliquaire. Cett peinture est attribuée à *Ho-nen,* fondateur de la secte Giô-dò, a XIe siècle.

Douze peintures sur papier représentant les douze *Téns* ou gardiens d Ciel.

Grézoux. — Deux objets du Sikhim.

Un bas-relief granit. Bénarès.

Un buste granit. Bénarès.

Un fragment de monument.

Guède (Dr). — Sept porcelaines de la compagnie des Indes : deux tasses et leurs soucoupes, deux petites potiches, une théière, décorées d'un sujet tiré d'une fable de La Fontaine. Chine.

Une robe soie noire. Annam.

Guez (Victor). — Statuette terre cuite égypto-romaine.

Guibert (A.). — Deux kakémonos. Japon.

Guimet (Jean). — Boîte à parfums *(Kogo)* en forme d'éventail, dont le couvercle est surmonté d'un groupe de chiens ; grès sous émail gris verdâtre. En dessous l'inscription : Fait par Kan-rikou âgé de 78 ans.

Sept figurines en terre cuite de Kioto, représentant les sept dieux du bonheur.

Un petit encrier de poche en fer. Japon.

Guimet (Mme). — Un vase à eau Rakou rouge. Japon.

Haas (F.). — Sculpture sur bois : Çiva à six bras, portant le daim et la massue, accompagné d'un personnage à tête d'animal. Fragment d'un char sacré de Çrîringham.

Sculpture sur bois : Pârvâtî, déesse de la terre, épouse de Çiva, à quatre bras, tenant la massue, le disque et un objet indéterminable, debout entre deux femmes armées de chasse-mouches. Frag. d'un char sacré de Çrîringham.

Sculpture de bois : Çiva assis, avec Pârvâtî sur son genou, sur un trône au pied duquel se tient un personnage à gros ventre armé d'une massue. Frag. d'un char sacré de Çrîringham.

Sculpture sur bois : Vishnou n'ayant plus que des morceaux de ses attributs. Frag. d'un char sacré de Çrîringham.

Sculpture sur bois : Lakshmî, déesse de la beauté, épouse de Vishnou ; les bras manquent. Frag. d'un char sacré de Çrîringham.

Sculpture sur bois : Râma-Tchandra porté par un démon Rakshasa, accompagné d'un ours, d'un singe et de deux musiciens. Frag. d'un char sacré de Çrîringham.

Sculpture sur bois : Deux personnages se tenant par le bras et paraissant danser. Frag. d'un char sacré de Çrîringham.

Cantine ou garde-manger, en lamelles de bambou laqué rouge ay appartenu au grand-prêtre de Mandalay, Birmanie.

Soupière à riz en lamelles de bambou laqué rouge, ayant apparte au grand-prêtre de Mandalay, Birmanie.

Panka ou éventail en feuille de palmier.

Instrument de musique birman, formé de morceaux de bamb accordés.

Médaille birmane en argent trouvée sur un rebelle fusillé par Anglais à Mandalay.

Trois monnaies birmanes, en argent natif, en forme de coquillages

Hakky-Bey. — Vieux plat céladon chinois, à décor gravé, représent au centre un quadrillage et sur les bords des rinceaux.

Amphore étrusque, terre cuite, à personnages et décor rouge sur fo noir.

Lampe en terre cuite décorée d'un cerf.

Tête de bœuf en terre cuite.

Petit Amour ailé en plomb.

Autre petit Amour ailé en bronze.

Deux personnages ailés en bronze.

Hamy (Le Dr). — Statuette égyptienne, en bronze : Osiris, trouvée Pompéi.

Hatty (Mlle). — Chimère en porcelaine céladon.

Haussmann. — Grande plaque sonore en bronze annamite, portant c inscriptions sur les deux faces.

Hayashi. — Belle statuette de bois du XIIIe siècle : le Bouddha Ami debout dans l'attitude de l'enseignement, provenant de Kam koura.

Cantine quadrangulaire à quatre compartiments, posée sur un platea faïence rougeâtre, recouverte d'un engobe blanc décoré en bl sous couverte. Sur la cantine : gourdes et feuillages couvrant to la surface. Sur le plateau : paysages avec constructions eur péennes. Imitation des faïences de Delft, faite au Japon et att buée à Bankô (Noumanami Gonzaëman), XVIIIe siècle.

Brûle-parfums faïence : personnage couché sur un bœuf, vêtu d' manteau de paille, coiffé d'un chapeau pointu à larges bords pla Le manteau du personnage est émaillé en jaune. Son visage, mains et ses pieds ont été laissés en biscuit. Le bœuf est émai en vert sur le corps, et en jaune sur les jambes, les cornes et queue. Le brûle-parfums formé par le corps évidé du bœuf est fermé par une plaque de bronze *Shakudo* découpée en forme de caractères.

Bol quadrangulaire aux angles arrondis et légèrement rentrés, porcelaine décorée en émaux vert, violet, rouge et or, et en bleu sous couverte. Sur les bords, médaillons et ornements variés sur fond alternativement bleu et rouge. Dans le fond, un ornement en croix, séparé par des fleurons.

Singe assis sur un écran. Faïence dure jaunâtre. Le singe est émaillé en brun rougeâtre; l'écran sous émail gris rosé, montrant par places des taches bleues.

Flacon à Saké, à panse aplatie, décorée en bleu sous émail. D'un côté, une poésie; de l'autre, un paysage chinois où une femme semble contempler le soleil.

Vase en grès représentant le Dieu Shioki. Le visage et les mains ne sont pas émaillés, les vêtements sont émaillés en noir, ses genoux et son sabre en gris craquelé. En dessous une inscription peu lisible : *Foo* ou *Takara* « le Trésor ou la Richesse ».

Vase à piédouche et col élevé, à la panse aplatie et allongée latéralement en pointes, représentant des becs d'oiseaux dont le plumage ornemanisé et en relief, décore la panse. Faïence blanche sous vernis jaune, vert, bleu, violacé, distribué sous les différentes parties du décor. En dessous, la marque *Min*, fabriqué par Minzan (province de Sanuki).

Trois statues : Fondo et ses deux serviteurs, bois sculpté. Japon.

Un gong forme marmite sur un support bois laqué rouge. Japon.

Héliot (Laurent). — Vase en porcelaine chinoise, décoré en bleu sous couverte de larges rinceaux à fleurons interrompus par deux dragons. Sur le col, la marque *Ta-ming-Wan-li Nien-tchi* : « Fabriqué sous l'empereur Wan-li, de la dynastie des Ming, 1573-1620 ».

Coupe très évasée, en porcelaine, sous couverte rouge de cuivre pâle, dit fraise écrasée. En dessous la marque : *Khién-Long*, 1736-1796.

Vase de forme ovoïde en grès blanc non émaillé, décoré de lignes gravées très courtes, disposées en hachures de haut en bas, avec un petit socle en bois doré, découpé en forme de nuages.

Petite figurine en terre cuite, dorée, représentant *Mon-djou*, dieu de la science, assis sur un lion. Enfermée dans une chapelle en laque noire, dorée à l'intérieur.

Deux plaques jade.

Hellé. — Une statue granit. Indo-Chine.

Le prince Henri d'Orléans. — Collection de cinquante neuf pièces deux bouddhas de la grotte de Pako ; une série de cinquante-se[illegible] divinités et objets du culte japonais en pierre, terre cuite, bois.

Collection de quarante-trois pièces : divinités et objets du culte d Siam et du Tibet.

Trois bols porcelaine siamoise.

Quatre divinités siamoises en métal.

Deux divinités tonkinoises, bois.

Holbé à Saïgon. — Sept divinités métal doré. Tonkin.

Huc (Le baron). — Enfant assis et ayant une hotte sur le dos. Faïenc décorée en émaux bleu et vert relevés d'or, genre Ninsei. Fabrica tion d'Avata.

Vieux bronze chinois : Petit personnage debout, les deux pieds su deux lotus épanouis.

Jehenne (Le commandant). — Une collection de quarante et une petit pièces en céramique japonaise.

Kogos (boîtes à parfum) en forme de cachet, de boîte quadrangulair de char de Massouri, de bœuf, de lapin, de canard, de tortu d'oiseau, de fruit, d'éventail, de gourde.

Statuettes de personnage, de singe, de blaireau.

Presse-papiers, brûle-parfums ; boîtes à compartiments ; gourde ; pos couvercle ; trois petits animaux minuscules en porcelaine.

Jinzo Yendo de Fonkonoka. Japon.

Une peinture sur soie représentant un casque mongol du XIVe siècl Japon.

Jubin (Émile). — Statuette en bois, représentant Ikkiou, prêtre de l secte Zén-siou, assis dans un fauteuil et tenant le *hossou* ou chasse mouche.

Tête de granit, provenant du temple d'Ang-Khor, rapporté pa MM. Durand et Rondet.

Tasse et soucoupe porcelaine de Kio-mi-dzou, décor or sur fon rouge. Sur la soucoupe et à l'intérieur de la tasse, des poisson dans les flots, dessinés en imbrications. Sur la tasse, des médai lons encadrant des oiseaux de paradis, reliés entre eux par d entrelacements. L'intérieur de la tasse et le milieu de la soucoup décorés de branches de pin en bleu sous couverte. Sous la tasse e la soucoupe, la marque *Daï Nippon Yeirakou Tsoukourou* : « Fai par Yeirakou, Grand Japon ».

Petit brûle-parfums, sans couvercle, de forme cylindrique, décoré en bleu sous couverte, de quatre médaillons réservés sur un fond de rinceaux de feuillage et montrant des fruits. En dessous, la marque *Daï Nippon Mino Huni Kato Gosuké séi* : « Fait par Kato Gosuké, à Mino, Grand Japon ».

Statuette en grès émaillé, représentant le comédien Itchimoura Ouzaëmon dans un rôle de femme. Sa longue robe émaillée en bleu est ornée de fleurs roses au feuillage vert, et serrée à la taille par une ceinture à ornements roses et verts, formant un gros nœud dans le dos.

Sabre de cérémonie, poignée en galuchat, garnie en or, fourreau en laque aventurine, armorié et garni en or, lame de Bizen de la fin du XIVe siècle.

Théière en faïence d'Avata, de forme carrée, à fond craquelé brunâtre et décor de fleurs.

Kahn (Mme L.). — Un bol faïence de Salzouma.

Kavada. — Une boîte laque rouge.

Kawamoura (Sirô). — Estampe de Shin-chô (XVIIIe siècle), représentant *Tani-Kadzé Kâdzi-nô-Ské*, chef des lutteurs du prince de Sén-daï, et propriétaire du grand sabre exposé dans la même vitrine.

Une estampe représentant le chef des lutteurs du prince de Sén-daï par Shoun-tcho.

Kin-ko-zan. — Vase inachevé, cuit, sans peinture.

Vase inachevé, cuit, peint, mais la peinture n'a pas passé au feu de moufle.

Kio-sai. — Peinture sur soie : Bouddha pénitent, peint par le donateur.

Éventail peint sur papier pendant une visite faite à M. Guimet. Il représente un homme saisi à la jambe par un serpent. D'après l'auteur, c'est le symbole de sa vie, passée presque tout entière en prison pour délit de caricatures politiques.

Kosho-kaisha. — Petit livre illustré de paysages et de fleurs, peints sur fond or et correspondant à des signes peints en bleu, servant à la cérémonie du Thé ou *Tcha-no-you*.

Boîte de jetons en bois, à fleurettes et nombres gravés et peints, et une boîte de jetons en mica.

Deux étuis en papier argenté et décoré de paysages et objets divers en couleurs, renfermant des parfums enveloppés dans des papiers à pliure spéciale.

Petit Pitong en faïence, sous émail violet, et décoré de chrysanthèm et de rinceaux gravés et dorés : Tcha-Kin zou-tsou : porte-serviett signé Yeirakou (Potier XIXe siècle).

Brûle-parfums en forme d'animal fantastique à quatre pattes, et do: le corps en forme de sphère aplatie, forme récipient, couverc percé de trois ouvertures rayonnantes, faïence. Terre cuite roı geâtre sous verni brun foncé.

Boîte à parfum (Kogo), en forme de tortue de forme archaïque. - La partie inférieure simule sans doute une fleur de lotus. - Terre brune, tendre, dorée sur la tête de la tortue, les bords (la boîte et du couvercle, et sur la ligne médiane de la carapac Quelques écailles sous émail vert foncé opaque, le reste du Kog non verni.

Kouroda. — Une statuette, bois. Japon.

Une statuette, terre cuite. Japon.

Un bol, céramique préhistorique. Japon.

Un petit gong, bronze. Japon.

Un netzké, bois.

Douze kakemonos japonais représentant des divinités, des personnage: des fleurs, des animaux, et signés Settsaï, Tehikanobou, Motonc bou, Korin, mitsnoki, Tsounenobou, Shiouguetsou.

Deux makimonos représentant l'un Komati après sa mort, l'autre lc sept sages dans la forêt de bambou.

Kouroda et **Koumé.** — Un gong.

Kubota. — Douze peintures sur papier, exécutées pour le Musée pa M. Kubota, représentant différentes scènes des fêtes de chacuı des mois de l'année.

Lacassagne (Le D^r). — Lampe phénicienne montée sur pied, en terr cuite émaillée, trouvée à Biskhra.

Langweil (Mme).— Petite tasse en porcelaine de chine demi-coquille d'œu dorée sur toute sa surface. Sous la tasse, en bleu sous couverte, l marque *Ta-ming Tching-Hoa nien-tchi* : « Fabriqué sous le règn de Tching-Hoa de la grande dynastie Ming », 1465-1488.

Deux pipettes à tabac dont le tube est en bambou et l'extrémité eı métal blanc en partie sulfuré.

Petit support oblong, en grès sous émail opaque vert et rose, sign Yousetzou, potier de Kouwana, province de Isé, XIXe siècle.

Flacon à Saké, grès sous émail brun verdâtre, décoré en émaux poly chromes sur la panse d'un dragon dans les nuages; autour du col, d'une bordure à lambrequin. En dessous, la marque *Naoski* ou « Tchô-kou » *Tsoukourou* : « Fait par Naoshi, ou Tchô-kou ». Fabrication de la province de Tamba.

Théière en forme de bouteille à panse tronconique et au col étroit s'évasant par le haut. Faïence, sous émail jaune craquelé. En dessous un cachet portant l'inscription : *Minato Yaki* « Fabrication de Minato », province de Idsoumi.

Grand Kakémono peint sur soie, représentant le paradis de Soukhavatî, peinture du XIIe siècle.

Assiette porcelaine de Chine, à décor reproduisant une vieille gravure de l'Ascension. Décor polychrome, bordure d'ornements, de médaillons et de branches fleuries.

Bouteille en porcelaine de Chine, décorée de zones obliques, alternativement blanches, bleu clair, rouge de cuivre et bleu foncé.

Personnage assis, les mains jointes, sur un socle, montrant en bas-relief deux petits animaux, albâtre peint en rouge et or; travail indien.

Netzké en bois, représentant un enfant tenant d'une main un tambour, de l'autre la baguette avec laquelle il va le frapper. Signé : Cho-itchi.

Netzké en bois : Enfant tenant une boîte sur son épaule. Signé : O itchi.

Netzké en bois, en forme de monnaie japonaise dite « tempo sen » (monnaie de cuivre faite dans la période Tempo, en 1840).

Grand Kakémono, peint sur papier, représentant cinq vieillards.

Plaque en porcelaine de Hizen, à rebords peu élevés, simulant d'un côté des branches d'arbre.

Kakémono sur papier, représentant un mandara.

Statuette d'albâtre : travail indien.

Coupe sur pied élevé, tronconique, en porcelaine, décoré en rouge de fer, sur les bords extérieurs de deux dragons ailés au milieu des flammes. A l'intérieur, le cachet aux caractères : Ta-tsing, Kien-long nien-tchi, fabriqué sous l'empereur Kien-long (1736-1796) de la dynastie des Tsing.

Un netzké en forme de monnaie. Japon.

Un goheï. Japon.

Un bâton de commandement. Japon.

Trois coiffures japonaises.

Un prêtre assis, bois.

Un estampe.

Un vase porcelaine blanche.

Un bol laqué.

Une petite assiette faïence.

Un prêtre japonais assis.

Un rakan.

Une petite boîte laque.

Une plaque fer gravé et ajouré.

Une étoffe japonaise.

Huit peintures chinoises.

Une boîte laque d'or. Japon.

Une petite boîte laque.

Deux peignes laque.

Une petite boîte laque.

Une garde de sabre.

Deux gardes de sabre.

Un miroir Chine métal.

Un miroir Japon métal.

Un vase applique porcelaine.

Trois vases. Chine.

Une plaque sonore bronze. Chine.

Une coupe grès. Japon.

Deux bols porcelaine. Chine.

Une statue de Dharma, bois.

Un petit vase grès. Japon.

Un éventail de guerre. Japon.

Un encrier pierre de lard.

Un tube porcelaine. Chine.

Un pot à thé faïence. Japon.

Un vase porcelaine. Chine.

Un bloc bois pour impression.

Une paire sandales fer.

Une paire étriers fer.

Claquettes bois. Japon.

Un cachet. Chine.

Une boîte à cachet.

Deux clichés bois. Chine.

Deux crachoirs métal. Tibet.

Un cachet pierre de lard.

Le Chevalier. — Statuette en bronze : Krishna enfant, jouant.

Statuette en bronze doré : Le dieu Brahmâ dans sa forme bouddhiste tibétaine.

Statuette en terre cuite, de Cyénaïque, représentant un femme en costume grec.

Petit groupe en bronze : Vishnou assis, tenant Lakchmî sur son genou.

Statuette de porcelaine blanc de Chine : Kouan-yin, dieu de la charité, tenant un enfant.

Statuette bronze : Kouan-yin, dieu de la charité ; bronze du XVIe siècle.

Statuette de bronze : Personnage debout, indéterminé, tenant un fruit.

Statuette de bronze : Bala-Râma, frère de Krichna, portant le coutre de charrue et la massue.

Statuette de bronze : Le dieu Anubis, à tête de chacal.

Bouteille en terre cuite noire du Pérou, ayant la forme d'une tête humaine.

Statuette de bronze : Personnage assis sous un parasol ; probablement un Tîrthamkara de la secte Çvétâmbara.

Statuette de bronze : Diane d'Éphèse.

Figurine en fer, provenant de Java : Personnage assis dans un fauteuil.

Statuette de bronze : Hercule gallo-romain.

Statue de bois doré : Bouddha naissant.

Tambour de sorcier, en bois, provenant de l'Afrique occidentale.

Statuette de bronze : Çiva, dieu de la destruction, dansant.

Statuette d'argent : Le Bouddha Çâkya-mouni, assis.

Statuette de bronze : Kouan-yin, dieu de la charité entre ses deux serviteurs.

Statuette de pierre marbrée : Lohan sur une chimère.

Statuette de bronze : Le Bouddha Çâkya-mouni.

Statuette de marbre gris : Le Bouddha Çâkya-mouni ; provenant de la grotte de Banen.

Statuette de bronze : Vénus gallo-romaine.

Statuette en pierre noire : Nan-kieu-laô-djin, portant la pêche et accompagné d'un cerf.

Statuette de bronze doré : Bouddha naissant.

Statuette de bois peint : Kalkin-avâtara, incarnation de Vishnou en cheval.

Statuette de bronze : Osiris.

Groupe de bronze : Hathor et Horus.

Figurine de bronze : Buste du dieu Chons lunaire.

Statuette de bronze : Le Bouddha Çâkio-mouni.

Statuette de bronze : Divinité bouddhique, debout, tenant une massue, la tête entourée d'une auréole.

Figurine de bronze : Femme indienne portant un bassin.

Statuette de bronze : Sén-djou-kouan-on.

Statuette de bronze : Le dieu Chons.

Statuette de bronze doré : Hién-tong, serviteur de Kouan-yin.

Statuette de bronze : Kouan-ti, dieu de la guerre.

Statuette de bronze : Êros-Horus, bronze égypto-grec.

Laporte (Capitaine). — Un Kakémono chinois.

Vingt-huit amulettes tibétaines, terre cuite.

Une inscription sur bois. Chine.

Une coiffure. Chine.

Deux guidons tissus. Chine.

Trente et une peintures chinoises.

Une chemisette à inscription. Chine.

Une lettre chinoise.

Une coiffure.

Cinq statuettes, bois et bronze. Chine.

Un vase à sacrifice, bronze. Chine.

Un bol cuivre. Chine.

Deux chapelets. Chine.

Trois peintures. Chine.

Une reproduction d'autographe de Kato Kiomasso. Japon.

Larey (Baron). — Cinquante-six objets, Égypte, Siam, Cambodje.

Leclerc (Adhemar). — Un bol indien.

Lecocq. — Un brûle-parfum céladon.

Lefébure (E.). — Morceau du linceul d'Aménophis III.

Fleurs séchées provenant du même sarcophage royal.

Le Gay (de Nice). — Une petite assiette porcelaine. Japon.

Lémann. — Manuscrit tamoul, sur feuille de palmier.

Un manuscrit.

Six inscriptions de momies.

Trois ostraca.

Lévêque. — Statuette pierre de lard, représentant un *chén* chinois.

Liebert (Consul de France à Pakhoï). — Trois objets, terre cuite de Kin tchéou.

Lindau (Rodolphe). — *Netzké,* ivoire, représentant trois aveugles se disputant une femme que deux d'entre eux tiennent par les cheveux. Signé : Zémin, ou Koré tami.

Lion. — Très beau *Hossou,* ou chasse-mouches de prêtre supérieur tibétain : queue de yack, manche en jade vert garni en argent incrusté de rubis.

Littleton-Annesley (Le major général). — Chandelier en bronze, à neuf branches mobiles, supporté par un éléphant et terminé par une statuette sans attributs surmontée du serpent Çésha à sept têtes. Ce chandelier, appartenant au culte brahmanique, ressemble au chandelier à sept branches des Hébreux.

Vase à sacrifice, cuivre doré, en forme de tête d'Hanouman, le dieu-singe.

Statuette de bronze : femme indienne, tenant un bassin, debout sur un éléphant, identifiée à Pârvatì (?). L'éléphant paraît plus ancien que la statuette.

Statuette de cuivre, ancienne : Doûrgâ, déesse de la destruction, à huit bras, tenant un anneau, une fleur de lotus, un trident, un sabre, une lance, debout, le pied gauche sur un taureau décapité du corps duquel elle arrache le démon Mahichasura.

Statuette de cuivre de Ganéça, dieu de la science, supportée par un éléphant debout sur un lotus.

Deux vases à sacrifice en forme de têtes humaines.

Trois figures de bronze, représentant le taureau Nandi, monture de Çiva.

Linga, en cuivre, surmonté du serpent Çécha à cinq têtes.

Groupe en cuivre: Un linga entouré de quatre adorateurs et d'offrandes.

Même groupe plus petit.

Linga en bronze reposant sur les replis du serpent Çécha.

Deux statuettes bronze, anciennes, représentant Çiva et Pârvatî à cheval.

Statuette bronze : Pârvatî, déesse de la terre, à quatre bras, tenant un vase, un bouclier, une fleur de lotus, un fruit, coiffée du linga, debout et appuyée contre un lion.

Petite statuette bronze : Même sujet, mais sans le lion.

Statuette de cuivre : Ganéça, dieu de la sagesse, à tête d'éléphant.

Petite statuette bronze : Même sujet.

Statuette bronze, ancienne : Doûrgâ déesse de la destruction.

Statuette bronze moderne : Krichna dansant.

Statuette bronze, de type grec : Krichna foulant aux pieds le serpent Kaliya.

Statuette de cuivre : Krichna foulant aux pieds le serpent Kaliya.

Petite statuette de bronze : Krichna dansant.

Statuette de cuivre : Krichna, jouant de la flûte.

Deux petites statuettes de bronze : Krichna enfant, jouant.

Linga de cuivre, en forme de tête humaine, surmonté du serpent et adoré par le taureau Nandi.

Trois statuettes de cuivre, représentant Hanouman, le dieu-singe.

Statuette de bronze : Garouda, l'homme-oiseau, roi des oiseaux, monture de Vishnou.

Statuette de cuivre : Même personnage.

Deux statuettes de cuivre : Musiciens célestes.

Huit statuettes de bronze : Dieux et déesses indéterminés.

Statuette cuivre : Lakchmî, déesse de la beauté, tenant une fleur de lotus.

Statuette bronze : Divinité debout, sans attributs.

Statuette cuivre, ancienne : Femme portant un bassin.

Figurines de bronze : Animal fantastique.

Hanouman, le dieu-singe, dans un cercle. Applique de cuivre.

Plaque de bronze ancienne : Çiva, dieu destructeur, à quatre bras, tenant un bouclier, un arc, un trident, un sabre, entouré d'un adorateur, d'un linga, d'un bélier et du taureau Nandi ; à droite de sa tête est figuré le soleil, à gauche la lune.

Plaque de bronze très ancienne.

Statuette de cuivre très ancienne : Gaòri (?) fils de Çiva, à quatre bras, tenant une hache, un disque, une conque et un vase. Il est à genoux et devant lui est étendu le corps d'un homme.

Encensoir en bronze : Femme ou déesse à califourchon sur un éléphant qui tient un bassin dans sa trompe.

Éléphant de bronze. Son corps creux paraît devoir servir de brûle-parfum. Il semble fait sur un modèle chinois.

Clochette brahmanique, en cuivre, dont le manche représente le dieu Krishna jouant de la flûte.

Deux autres clochettes, également en cuivre ayant pour manche les figures adossées d'Hanouman, le dieu-singe, et de Garouda, dieu-oiseau.

Neuf vases à sacrifice en bronze, de tailles et de formes diverses.

Coupe en bronze avec pied en forme de lotus.

Boîte en bronze en forme de fruit pour contenir la poudre ou la cendre de bois de santal.

Deux perroquets en bronze servant de vases à eau.

Poisson de bronze, vase à eau.

Vase à eau en bronze en forme de lotus fermé.

Lampe de sanctuaire, en cuivre, en forme de trône.

Lampe de sanctuaire, en bronze, composée d'une coupe et d'un petit bassin montés sur un pied en forme de lotus.

Vase en cuivre, forme de navette, monté sur un pied, et séparé par une cloison en deux parties inégales ; la plus grande contenant le riz, la plus petite, la poudre de santal employés pour le sacrifice.

Coupe à offrande en bronze composée d'une petite coupe profonde et de quatre autres petits récipients en forme de feuilles.

Deux brûle-parfums, en cuivre, représentant un lotus qui s'ouvre et se referme à volonté.

Deux vases à becs, en bronze, pour les libations d'eau.

Coupe plate à long bec terminé par une tête de taureau, en bronze, pour les libations d'eau.

Ustensile en bronze, ressemblant à un ostensoir composé d'un disque entouré de huit autres disques plus petits renfermés dans un cercle, et représentant le soleil, la lune et les planètes.

Huit cuillères en bronze, de formes diverses, pour les libations de beurre fondu.

Objet en cuivre d'usage inconnu, sorte de moule découpé à jour avec couvercle.

Deux encensoirs en bronze : poissons tenant un petit bassin à la bouche.

Pied de Vishnu en bronze.

Couteau à bétel, ressemblant à un casse-noisette, composé de deux personnages, un homme et une femme dansant.

Couteau ou poignard fermant.

Locard (Arnould). — Moulage d'une tête de jeune fille, trouvé à Trion, Lyon, quartier de Saint-Just., dans un tombeau du Ier siècle de notre ère.

Fragment de poterie rouge, dite Samienne, représentant un personnage assis coiffé d'un turban, vêtu d'une robe turque. A sa droite, l'inscription : ARMENIA. Provenant des fouilles de Trion.

Diverses coquilles de mollusques trouvées dans la polyandrie de Trion.

Loisy. — Huit porcelaines choinoises, appliques. Vase, bol, assiette.

Lordereau (Le Dr). — Statuette, en porcelaine de Chine, du Bodhisattva *Kouan-yin,* sous la forme féminine, portant sur ses genoux l'enfant *Hoang-tchén-saï* qui tient à deux mains une tige de lotus. Porcelaine sous couverte mince, brillante, à reflets mordorés. colorée en jaune par le voile qui recouvre la tête du dieu et en vert pour ses autres vêtements qui sont semés d'ornements, nuages, rosaces, fleurettes, exécuté en violet ou en vert. L'enfant est vêtu d'un sorte de tablier rouge, sa tête rasée est ornée, sur le côté, d'une tresse rappelant celle d'Horus.

Lorin (A.). — Une statue pierre. Indo-Chine.

Un écran brodé. Siam.

Lortet (Le Dr). — Pièces diverses en terre cuite, lampes, petits vases, etc., d'origine phénicienne, trouvés à Sidon, provenant de sa mission en Syrie.

Deux vases terre cuite.

Lucy (Armand). — Une statuette tibétaine.

Une médaille commémorative de la campagne de Chine, 1860.

Manasce. — Deux tuiles chinoises.

Mante (Th.). — Un cylindre égyptien.

Maurice. — Cruche romaine en terre cuite trouvée à Cherchell (Algérie) dans le tombeau de Cornélius Justus, ambassadeur romain, an CIII de Rome.

Mêne (Le Dr E.). — Deux grands chandeliers de bronze chinois représentant une chimère élevée sur un trépied de têtes d'éléphant et supportant une tige terminée par une fleur de lotus.

Cinq théières Boccaro.

Milhau (Le capitaine). — Cinq cent soixante-huit monnaies chinoises.

Ministère des Affaires étrangères de France. — Une robe aïno.

Un capuchon aïno.

Ministère des Colonies de France. — Quatre-vingt-dix-huit objets, divinités, vases, sonnettes, lampes, boîte, cuillères, en bois, grès, terre cuite, marbre, bronze, cuivre, de l'Inde.

Ministère de l'Instruction publique et des Beaux-Arts de France. — Une importante collection de photographies et d'aquarelles reproduisant d'anciens objets et d'anciennes œuvres sculptées, peintes, ciselées, pour servir à l'histoire de l'art japonais.

Ministère des Beaux-Arts du Japon. — Séries de planches dessinées et peintes par M. Tsuboï, représentant des tumulus et des objets préhistoriques.

Monalakos. — Deux vases.

Une statuette.

De Montefiore (Le comte). — Kakémono brodé soie sur soie, représentant *Ben-zaï-tén* d'Enoshima et au-dessous *Aizen-Mio-ô*. Derrière le Kakémono une inscription à l'encre de chine relate qu'il a été réparé en 1809 et gardé religieusement par un prêtre, nommé Fon-in-kan-kiou.

Statuette de bois.

Divers dessins à la plume représentant les sept dieux du bonheur, des gardes de sabre japonaises, etc.

Neuf peintures japonaises représentant des danses, XVIIe siècle.

Morel-Retz. — Noix et noisettes trouvées dans un tombeau égyptien.

Musée de Clermont-Ferrand. — Moulage d'une divinité cornue assise les jambes croisées.

Nadard. — Album, très finement gravé de vingt vues des principaux lieux célèbres du Japon. Signé : Okada-Shunlo-Saï et Shunsen.

Nubar-Pacha. — Un moulage de la reine Taïah.

Olivier (Em.). — Une assiette porcelaine. Chine.

Ouchtomsky (Le prince Hespère). — Album de vieilles miniatures tibétaires représentant les principales divinités du panthéon bouddhique.

Pavie. — Huit objets préhistoriques de Luang-Prabang.

Pellerin (Mme). — Une statuette, bronze. Chine.

Une statuette, bronze. Tibet.

Une statuette, bois. Japon.

Une assiette porcelaine. Chine.

Un devant d'autel brodé et peint.

Six aquarelles, personnages et paysages sur papier. Chine.

Une divinité, bronze.

Deux divinités, bronze. Tibet.

Un petit personnage assis, bronze.

Vingt six aquarelles sur soie, sujets chinois traités à l'européenne.

Petit Saint-Thomas (Maison du). — Kakémono peint sur soie représentant *Mon-djou,* assis sur un lion et tenant le livre de la Loi : « Dessiné respectueusement par Kinomassatami, préfet de la province de Bouzen, promu au titre du 5e degré inférieur. »

Pimodan (Le comte de). — Une collection de trente-huit objets aïnos. Une collection de onze objets chinois et japonais, chapelles, ex-votos, boîtes.

Pinto de Araujo (Mme). — Petite tasse porcelaine demi-coquille d'œuf, décorée, en émaux vert, blanc, bleu, jaune, rose, rouge, noir et or, de grands papillons et de fleurs.

Pohl Frères. — Grande chimère en grès de Bizen.

Grand tambour de musique impériale, en vieux cloisonné japonais sur cuivre.

Grand dagoba, en bronze, supporté par une tortue et portant l'inscription : fait par Tamoura Tamba, fondeur de Yédo.

Grande plaque sonore en bronze.

Un brûle-parfum en forme de chimère au corps sphérique, à la tête tournée vers le ciel. Faïence au vernis vert clair. Signé : Min (pour Minzan, potier de Sanuki).

Deux grands paravents fond or représentant, vue à vol d'oiseau, la ville de Kioto et ses environs.

Un brûle-parfum forme chimère, faïence de Minzan. Japon.

Une statuette de Sai gmo Hoshi. Japon.

Porte. — Deux makémones, finement peints sur soie, par *Tamé-Nobou* (XVIIIe siècle), représentant des caricatures religieuses et historiques.

Portier. — Deux statuettes terre cuite.

Une garde de sabre, fer émaillé.

Un manche de couteau, même travail.

Deux bouts de sabre, même travail.

Ravisi (Le baron Textor de). — Statue birmane en marbre cristallin peint et doré : Le Bouddha Çâkya-mouni, debout dans l'attitude de charité. Provenant du célèbre temple de Shoë-Dagon-Prah à Rangoun, d'où elle a été enlevée, lors de la prise de cette ville par les Anglais, par un capitaine de Cipayes.

Peintures indiennes sur talc représentant diverses divinités du Panthéon brahmanique. — Eventails indiens. Etc.

Regamey (Félix). — Dessin représentant l'entrée du temple de Honan.

Dessin représentant un chameau de pierre.

Deux dessins représentant des gardiens de temple.

Dessin représentant des Bonzes en prière.

Dessin représentant un cercueil au dépôt mortuaire de Canton.

Six portraits de personnages japonais.

Dix petits objets faïence. Chine.

Régnault (D[r]). — Quatre objets divers indiens.

Une danseuse indienne terre cuite.

Réthoré (Franck). — Deux monnaies romaines, en bronze, trouvées par le donateur à Bordeaux, rue de l'Église-Saint-Saurin, en 1885.

Riberolles (Henri de). — Statue bronze japonais : le Bouddha Câkya-mouni, assis sur un lotus.

Statue bronze japonais : le Bodhisattva Mondjou, sur un lion.

Statue bronze japonais : le Bodhisattva Fouguén, sur un éléphant.

Statue bronze japonais : Sen-djou-Kouan-on à six têtes et vingt bra tenant divers attributs ; deux de ses mains sont jointes sur la po trine ; deux autres, élevées au-dessus de la tête, tiennent un *Sa kô*. Le Bodhisattva est debout. Sur le dos de cette statue, ur inscription indique qu'elle a été faite, au XVIe siècle, par Kou-mo prêtre de la secte Zén-siou.

Statue bronze japonais : Shô-Kouan-on, debout, du même artiste.

Dix-sept statuettes de bronze (Japon), représentant les dix-sept ga diens d'Hangnia.

Deux Kakémonos, sans signature, peints sur soie, représentant su un fond noir, l'un : le dieu du temple Ha-tchi-ô-dji, incarnatio de Sén-djou-Kouan-on ; le dieu du temple de Kiakou-dji, inca nation de Djou-itchi-men-Kouan-on ; le dieu du temple de Nin mija, incarnation de Yakou-shi-Niou-raï ; le dieu du temp d'Ourya, incarnation de Çâkya-mouni ; le dieu du temple d Séi-shin-shi, incarnation d'Amida ; le dieu du temple de Djio zén-shi, incarnation de Djizô ; le dieu du temple de San-n mya, incarnation de Fouguén ; le dieu du temple de Daï-gni dji, incarnation de Bishamon en homme-singe ; le dieu d temple d'Haya-ô, incarnation de Foudô ; ce dernier a une tête d taureau.

Sur le second Kakémono sont peints les treize Bouddha Bodhisattvas et Génies qui gardent les morts : Foudô, Çâky mouni, Mondjou, Fouguén, Djizô, Mirokou, Yakoushi, Koua on, Séi-shi, Amida, Ashikou, Daï-ni-tchi et Kokou-dzô.

Rillé (Laurent de). — Vase en porcelaine chinoise, sous couverte sou flée, bleu foncé sur fond bleu verdâtre, en forme de tige de ban bou, auprès de laquelle une tige moins importante est resté Sur les côtés du vase sont représentés en ronde-bosse deux sort de lézards et des champignons, et sur la panse des feuilles d bambou.

Vase en porcelaine chinoise, décoré de fleurs en bleu sous couverte.

Robert. — Moulage d'une figure d'Osiris, trouvée à Conliège, près d Lons-le-Saulnier.

Roche. — Statuette tibétaine, en bronze laqué, représentant la dées Doljang.

Rokou-Béi. — Bol très ouvert en terre cuite, s. vernis brun à l'extérie et doré à l'intérieur. Ce bol a été tourné par M. Rokoubéi, so les yeux de M. Guimet en 1876.

Rondony (Lieutenant-Colonel). — Une peinture chinoise.

Deux tablettes bois à inscriptions. Chine.

Onze fragments de sculpture sur bois, Tonkin.

Une peinture tibétaine.

Rotrou. — Bol quadrangulaire, à côtés légèrement arrondis et à angles rentrants. Porcelaine s. truitée rougeâtre.

Vase porcelaine chinoise très légère décoré, sur la panse, de rinceaux de feuillage à fleurs rouges, sur le col de lancelles. Décor tracé en bleu sous couverte et peint en émaux de couleurs tendres, verts ou jaunâtres relevés de rouge. Caractéristique de l'époque de Yong-Tching.

Rouart (Alexis). — Un vase aventuriné. Chine.

Cinq dessins japonais.

Huit estampes japonaises encadrées.

Un Bouddha. Bizen.

Un support bois. Japon.

Deux estampes encadrées.

Quatre poncifs encadrés.

Vingt-sept aquarelles japonaises.

Un vase porcelaine. Chine.

Un Bouddha assis albâtre. Chine.

Rubin (de Lyon). — Un inro, boite à médecine. Japon.

Sano. — Une boîte laque. Japon.

Schené. — Hache gauloise préhistorique en bronze trouvée à Neuville-sur-Saône.

Scherzer. — Livre tibétain, imprimé en rouge, représentant les images des divinités bouddhiques.

Scherzer (Mme Vve). — Deux vases bronze. Chine.

Sémitani-riou-on. — Reliquaire bouddhique, en laque rouge, noir et or, en forme de pagode à trois étages renfermant une relique du Bouddha.

Sénathi-raja. — Instrument de musique brahmanique.

Manuscrit sur feuilles de palmier, version tamoule du Skanda-Purâna.

Servagnat (Capitaine). — Deux statues bronze. Chine.

Sichel. — Vase à panse sphérique et à col court, à deux anses formées pa des dragons s'élevant de l'épaulement et mordant les bords d l'ouverture ; porcelaine chinoise fond jaune, décoré d'une larg grecque émaillée en vert.

Bouteille en grès, de Bizen brun, à col recourbé, terminé en tête d cygne. Copie d'un vieux bronze chinois.

Un grand kakemono brodé représentant la mort de Bouddha.

Sitchi-béi. — Grand plat en grès sous couvercle gris bleuâtre, décoré e bleu, sur un côté de sa surface antérieure, d'un arbre aux bran ches fleuries dont l'une retombe en cercle autour du bord opposé Plat fabriqué par le donateur pour M. Guimet.

Société de géographie de Lille. — Un écran porcelaine. Chine.

Société de géographie de Rouen. — Une chapelle avec divinité Japon.

Steenackers. — Consul de France à Yokohama.

Une statue pierre.

Une collection de coiffures coréennes.

Stolpe. — Deux photographies de la cérémonie du thé au Japon.

Stroganoff. — Un Çâkyamouni argent.

Stum. — Figurine en bronze égyptien, représentant le taureau Apis.

Sylva (Lewis da). — Huit monnaies en bronze de Ceylan : Deux de Çr Râja Lilavati (1197-1211); deux de Çrî Mas Sabassa Mallav (1200-1202); deux de Çrî Prakkrama Bahu (1266-1301); deux d Çrî Bhuvaneka Bahu (1303-1314).

Tai-zan. — Vase en faïence crémeuse, à panse quadrangulaire et déco rée de quatre médaillons oblongs à fleurs et oiseaux, exécuté en émaux de couleurs et réservés, sur un fond brun à rinceau d'or.

Tanzan. — Pot à lait, en forme de livre entr'ouvert, faïence blanch décorée, sur les deux faces imitant la couverture, de dragons dan les nuages, et d'un titre d'ouvrage en partie caché par un coi de cette couverture repliée et laissant voir quelques lignes du text du livre. La troisième face, simplement émaillée en vert sombre porte une anse.

Vase inachevé en faïence cérémeuse sous couverte grise, réservant des médaillons de formes variées restés sans décor.

Tchéou-Méou-Ky, marquis de **Han** (L'amiral), gouverneur de Formose. — Estampage d'une inscription d'un grand bassin de cuivre de la dynastie *Tchéou*, conservé chez le gouverneur de Formose.

Ki-pô représentant sur papier rouge le caractère *Tchéou*, écrit en or de différentes manières.

Inscription de Yù-tchéou, de la dynastie des Han (Ier siècle de notre ère) estampée sur papier du XIIIe siècle.

Estampage d'une autre inscription ancienne.

Telinge. — Une statuette de Laotseu sur son bœuf. Bronze laqué. Chine.

Tennissen. — Vase en terre cuite, décoré en relief de dragons, nuages et perles mystiques se détachant en jaune sur le fond vert foncé de vase.

Terrien de Lacouperie. — Fac-simile d'un manuscrit Lôlô, une des anciennes langues de la Chine qui ont précédé le chinois.

Tomii (Massa-Akira). — Écritoire de poche, du feu prince Shô-gô-in, frère de l'empereur actuel du Japon.

Tasse porcelaine de Koutani avec son support à décor rouge et or, signé Koutani, ayant appartenu au prince Shô-gô-in.

Pot à thé, en faïence de Koutani, décor rouge et or, ayant appartenu au prince Shô-gô-in.

Petite statuette en terre cuite peinte : Daï-ko-kou debout sur deux ballots de riz, tenant le marteau de mineur de la main droite et portant le sac à trésor sur son dos.

Petite statuette en terre cuite peinte : Yébis assis tenant un *taï* sous son bras.

Boîte en laque aventurine aux armes du Mikado.

Éventail à fond or, monture en laque rouge.

Miroir shintoïste rond en métal, sur un portoir en bois.

Miroir shintoïste rectangulaire en métal argenté.

Grelot shintoïste, bronze.

Sonnette shintoïste en bronze, manche en bois naturel.

Petite sonnette bouddhiste, en bronze, à manche articulé, laqué rouge, séparé de la sonnette par deux petits coussins.

Petit *Zarougané* ou *Doo-ga* (gong) en bronze repoussé sur un suppo en laque rouge et noire.

Figurine ancienne en ivoire, représentant le dieu Inari.

Petite gourde en laque rouge.

Disque en bois naturel, portoir d'offrandes.

Petit gong en bronze.

Deux petits pots à thé, pour la cérémonie du thé, dans une boîte e bois naturel.

Manuscrit japonais du XIIIe siècle : poésies envoyées à l'empereu Gò-daï-gò Tén-nô pendant son exil à Oki.

Tama-Katsoura, grand pot à thé en grès d'Oudji, réservé à l'usag exclusif des Siògouns, avec sa boîte de laque et une double env loppe en soie brochée, ayant appartenu au prince de Sho-gò-in.

Troubat. — Deux statuettes égyptiennes, faïence.

Tsanit Kampo Lama Agouan Dordji. Baguettes de parfums.

Vannes. — Charriot à quatre roues, portant un vase, faïence décor Nin Zéi.

Plat céladon craquelé avec réserve en terre brune, représentant u paysage en relief.

Bouteille en grès, sous émail gris répandu irrégulièrement et forman sur certains points de la panse des gouttes plus ou moins grosse et serrées, qui distinguent les poteries connues sous le nom d *Samé-yaki*. Le décor représente une grenouille tenant un pinceau et une tablette pour enregistrer divers objets portés par d'autre grenouilles.

Bouteille grès, à panse tronconique et col très étroit et court, sou vernis brun (couleur de nèfle), décorée d'un crabe et de tortues dont deux sont assises sur une langouste.

Deux vases grès à la panse déprimée et non recouverte de vernis décorés du caractère *Djou* « longévité », entre quatre groupe de chauves-souris et de pêches. L'un deux porte, en dessous, la marque en forme de coquillage appelée *Itoguiri*, l'autre une sorte d'*hélice* creusée dans le fond.

Vase à panse fuselée, au col étroit, en grès sous émail brun décoré de branches de chrysanthèmes et des caractères *Takassou Daïgo*.

Vase à panse fuselée en grès non verni. Décor : Une grenouille jouant à la balle, une autre tenant en équilibre, sur la flûte dont elle joue, une tige de nénuphar au haut de laquelle une petite tortue fait des tours. Un Kappa, l'éventail à la main, paraît surveiller les acrobates.

Bouteille en grès recouvert d'un vernis brunâtre posé en gouttelettes serrées plus ou moins fines, genre *Samé-yaki*. Décor : branches chargées de fruits.

Gourde, grès sous émail vert opaque craquelé, décorée de trois personnages grotesques dansant. La tête de l'un est faite d'une théière, celle de l'autre d'un parapluie fermé et celle du troisième d'une lanterne.

Vase ovoïde, au col court, en faïence jaunâtre, sous couverte mince, translucide et truitée, décoré d'un côté de deux personnages au vêtement peint en bleu déroulant un makémon au signe *Djou*, de l'autre d'un enfant (en pâte rapportée et émaillée vert, rose et blanc) attisant avec un écran le feu d'un fourneau sur lequel est une théière.

Vase grès, sous émail vert foncé craquelé et translucide, au col entouré d'une coulée blanc-bleuâtre, décoré de kappas, de crabes et de grenouilles, l'une de celles-ci paraissant prononcer un discours.

Bouteille grès, à émail grisâtre sur la panse, verdâtre sur le col, décorée d'une grenouille et d'une tortue jouant de la musique tandis qu'une autre grenouille gravit en équilibre un fil d'araignée tendu par un crabe. La toile d'où provient le fil est dessinée sur le col où se prélasse une grosse araignée. Un kappa, un écran à la main, semble inviter le public à applaudir. De l'autre côté de la panse est une plante.

Bouteille grès, sous émail gris verdâtre craquelée sur la panse, brun très foncé sur le col, décorée de quatre personnages assis jouant au jeu de *gô* (échecs) tandis que deux enfants préparent du thé. De l'autre côté est représenté un pin.

Vase en faïence, sous émail crémeux craquelé à coulées vertes autour du col, décoré d'un côté, en brun de Manganèse, sous couverte, d'un cheval sous un arbre et tenu en laisse par un singe, portant un *gohéi*, exécuté en pâte rapportée et émaillée.

Coupe grès, sous émail blanc craquelé, décorée à l'intérieur, d'une grenouille marchant sur une corde tendue entre deux pieux et s'abritant sous une feuille de nénuphar, pendant qu'une autre grenouille assise par terre la regarde en fumant sa pipe.

Tous les surdécors de ces pièces sont modernes et la plupart des vases ainsi utilisés sont anciens.

Wang-Tching-Yong. — Bol très évasé porcelaine de chine, sous violette, reposant sur un support en agate.

Vignier. — Un garde de sabre.

Vilberforce Wyke, de Manchester. — Quatorze objets, bouteille, vase coupes, bols, grès céladon de Sangalok.

Wolf (Bernard).

Une boîte à médecine décor fleurs, Japon.

Une boîte à médecine décor paysage, Japon.

Une boite à papier laque, Japon.

E. Worms. — Vingt-deux photographies, Inde, Japon.

Ymaizoumi (Youssakou). — Vase en terre cuite grise à panse sphé rique et à col court évasé, trouvé dans un tombeau japonais.

Itchi-Kô, en bronze japonais.

Itchi-Kô, en bois.

Sam-Kô, en bronze japonais.

Exemplaire du Ko-si--ki.

Yvan. — Pierre gravée antique.

DONATEURS

DE LIVRES

Ablaing van Giessenburg (R. C. d'). — Évolution des idées religieuses dans la Mésopotamie, in-12.

Adler (C.). — The hofar and its use and origine, br. in-8.

Allégret. — Recherches chronologiques sur les fastes de la République romaine, in-8.

Allemant (E.). — Description de la collection égyptienne du musée d'Anvers, in-12.

Allmer (A.). — Découverte de monuments funéraires au quartier de Trion, in-8.

Alévèque (Ch.). — Petit dictionnaire franco-coréen, in-8.

Souvenir de Séoul-Corée, br. in-8.

Alwys (C.). — Ummagga Jâtaka. Manuscrit pâli-çinghalair. 159 feuilles.

Amélineau (E.). Maître de conférences à l'École des Hautes Études. —

Études historiques sur saint Pakhome, in-8.

Le nouveau traité gnostique de Turin, br. in-8.

The Sahidic translation of the book of Job, in-8.

Pistis sophia, ouvrage gnostique de Valentin, in-8.

Étude sur le christianisme en Égypte au 7e siècle, in-4.

Histoire du patriarche copte Isaac, in-8.

Un monument copte du XIIIe siècle. Martyre de saint Jean de Phanidjôit, in-8.

Sur deux documents coptes écrits sous la domination arabe, br. in-8

De Historia Lausiaca, in-8.

Die biblischen sieben Jahre der Hungernoth nach dem Vorlaut eine altaegyptischen Felsen-Inschrift, von H. Brugsch, in-8.

Fragments coptes pour servir à l'histoire de la conquête de l'Égypte par les Arabes, br. in-8.

Essai sur l'évolution historique et philosophique des idées morale dans l'Égypte ancienne, in-8.

Les nouvelles fouilles d'Abydos, br. in-8.

L'Évangile de Pierre et les Évangiles canoniques, par A. Sabatier br. in-8.

Un tombeau égyptien, br. in-8.

Les actes des Martyrs de l'Église copte, in-8.

An Egyptian reading-book, by E. A. Wallis Budge, in-8.

Amherst (Lord). — The Amherst papyri, by B. P. Grenfell and A. S Hurt, in-4.

Andrews (J. Bruyn). — Contes ligures, in-18.

Ansault. — Le culte de la Croix avant Jésus-Christ, br. in-8.

Apostolides (B.). — La statue d'Irénée et la ville de Soknopée, br. in-8 Étude critique du premier chant chorique des Phéniciennes d'Euripide, br. in-4.

Appleton (C.). — De la méthode dans l'enseignement du droit, br. in-8

Archiduc Régnier (Son Altesse impériale et royale l'). — Mittheilungen aus der Sammlung der Papyrus Erzherzog Reiner : 4 vol in-4.

Armas (J. de). — Les crânes dits déformés, br. in-8.

Aymard. — Le préhistorique dans la Haute-Loire, br. in-8.

Aymonier (E.). — La langue française et l'enseignement en Indo-Chine br. in-12.

Bahnson (K.). Conservateur du musée de Copenhague. —

Ethnographische Museer i Udlandal, in-8.

Ueber ethnographische Museen, br. in-4.

Baignières (P. de). — L'Égypte satirique, in-8.

Baillet (J.). — Descentes aux enfers classiques et égyptiennes, br. in-8

Bailly (A.). — Notice sur Émile Egger, in-8.

Bailly (E.). Le son dans la nature, br. in-18.

Bancroft (H. H.). — The Native races of the Pacific states of North america : 5 vol. in-8.

Baret (L.). — Chansons populaires du Japon, br. in-8.
Costume et toilette au Japon, br. in-8.

Bard (J.). — Voyage de Saint-Loup-de-la-Salle à Chagny, br. in-8.

Barnabei (F.). — Di alcune pitture di vasi greci, br. in-8.

Barrucand (V.). — Le chariot de terre cuite, in-18.
La tentation de Bouddha. Poème, br. in-8.

Barth (A.). Membre de l'Institut.
Inscriptions sanscrites du Cambodge, in-4.

Basmadjian (K.-J.). — La stèle de Touarthnotz, in-4.

Basset (R.). — Études berbères, éthiopiennes et arabes, br. in-8.
Dialectes berbères du Harakta et du Djerid Tunisien, br. in-8.

Bastian (A.). Conservateur du Musée royal d'ethnographie de Berlin. —
Die Welt in ihrem Spiegelungen unter dem Wandl des Völkergedankes, in-8.

Die Culturländer des alten America ; 2 vol. in-8.

Die Vorgeschichte der Ethnologie, br. in-8.

Die Völkergedanke im Aufbare einer Wissenschaft von Menschen, br. in-8.

Ethnologisches Bilderbuch, in-8.

Steinsculpturen aus Guatemala, br. in-4.

Ideale Welten in Wort und Bild ; 3 vol. in-8.

Bunte Bilder für die Speelstunden des Denkens, in-8.

Die Seele indischer und hellenischer Philosophie, in-8.

Der Buddhismus als religions-philosophisches system, br. in-8.

Baudin (Le R. P.). — Fétichisme et féticheurs, in-8.

Baudoin. — Catalogue du musée Lorin, in-32.

Baxter (S.). — The Old New World, in-8.

Baye (Baron de). — Les résultats des fouilles dans le district d'Oungaran (Java) en 1893, in-4.
Châsse de la cathédrale d'Astorga, br. in-4.
Les découvertes de M. Savenkow, br. in-4.
Les bronzes émaillés de Mostchina, br. in-4.
De l'influence de l'art des Goths en Occident, br. in-4.
L'archéologie de l'Ukraine antérieure à notre ère, in-8 br.
Bijoux barbares en forme de mouches, in-8 br.
Neuvième congrès russe d'archéologie, br. in-8.
Du Volga à l'Irtisch, br. in-8.
Mission en Russie et en Sibérie occidentale, en 1895, br. in-8.
La nécropole d'Ananino, in-8.
Kiev, la mère des villes russes, br. in-8.
De Moscou à Krasnoïarsk, br. in-8.
Les tombes du Mouranka, br. in-8.
Au Sud de la chaîne du Caucase, br. in-8.
Au Nord de la chaîne du Caucase, br. in-8.
En nouvelle Russie, br. in-8.
Archéologie de Transcaucasie, br. in-8.
Tiflis. Souvenirs d'une mission, in-8.
Chez les Tatars : de Derbent à Élisabethpol, in-8.
La beauté. Légende géorgienne.
En petite Russie : souvenirs d'une mission, br. in-8.
L'art barbare en Hongrie, in-8.

Bayeru (F.). — L'archéologie du Caucase, in-8.

Bazin (H.). — L'Aphrodite marseillaise du musée de Lyon, br. in-8.
L'Artémis marseillaise du musée d'Avignon, br. in-8.

Beaujeu (M.). — Psychologie des premiers Césars, in-8.

Beaune (H.). — Vaise après le siège de Lyon, br. in-8.

Beauregard (Ollivier). — Études égyptiennes, br. in-8.
Folles peurs et faux semblants, in-8.
Chez les Pharaons, in-8.
La Science Robe au Vent, in-8.
Folles peurs et faux semblants, in-8.

En Orient, in-8.

Le collier de mérite, br. in-8.

Articulation des mots égyptiens, br. in-8.

Beauvisage (G.). — Cercueils pharaoniques en bois d'if, br. in-8.

Béhagle (F. de). — Moyens de combattre la dépopulation en Afrique, br. in-8.

Bela de Gonda. — La régularisation des Portes de fer, br. in-8.

Belgique (Gouvernement de). Situation de l'Enseignement supérieur donné aux frais de l'État, in-8.

Bénazet (A.). — Quelques mots sur l'étude comparée des littératures, br. in-8. Notes sur le théâtre japonais, in-8.

Bendall (Cécil). — Çikshāsamuccaya a compendium of buddhistic teaching compiled by Gantideva, in-8.

Bengal (Gouvernement du). — Notices of Sanskrit mss. Second séries by Mahāmahapādhyāya Blaraprasāda Çāstri, in-8.

Berger (Philippe). Membre de l'Institut. —

Renan intime. br. in-8.

The excavations of Carthages, in-8.

Berlioux (E.-F.). Professeur à la Faculté des Lettres de Lyon. —

Les Atlantes, in-8.

Berthet (N.). De Marseille à Hanoï, in-8.

Bertholon. — L'année anthropologique Nord-africaine, br. in-8.

Bertrand. — Ruines antiques de la commune de Molles, br. in-8.

Anneau votif et statue de bronze découverts à Vichy, in-8.

Bickell (G.). — Kolcheth's Untersuchung über den Wert des Daseins, in-8.

Bikélas (D.). — Le rôle de la Grèce dans la question d'Orient, in-8.

Bing (S.). — Catalogue de la collection des Goncourt. Arts de l'Extrême-Orient. in-8.

Catalogue de la collection Ph. Burty, in-8.

Blanc (Edouard). — Catalogue général de l'exposition de Nijni-Novgorod, en 1896, 3 vol. in-8.

Kun-*m*khyen *B*la-mai *r*nam-thar dang Bya-Ka-Lan-ta-Kahi dris-lan legs-par bçad-pa e-ma-ho.

*D*p'ags-pa *G*tsug-tor *d*kar-mo tchan-*g*dugs *b*dugs-so.

*G*dugs *d*kar-mo tchan *b*zlog-pa *b*jugs.

Livres bouddhiques du Thibet

Blanchard (R.). — Notes de parasitologie sino-japonaise, in-8.

Blanchère (de la). — Aménagement de l'eau et installation rurale dans l'Afrique ancienne, in-8.

Blanchet (A.). — Histoire du papier et de sa fabrication. Première partie in-8.

Blaserna (P.). — Le son et la musique, in-8.

Bleton (Auguste). — Essai sur l'E muet, br. in-8.

Petite histoire populaire de Lyon, in-8.

Oraisons doctorales de la Saint-Thomas, br. in-8.

Au delà des pyrénées, in-8.

Blochet (E.). — Textes péhlevis relatifs à la religion maz déenne, in-8.

Boban (E.). — Documents pour servir à l'histoire du Mexique. Volumes I, II. III, in-folio

Bobrinsky (A.-A.). — Ornements des Tadjiks montagnards du D'arwar, Haute Boukharie, br. in-4.

Bock (B.-G. de). — L'art copte. Etoffe copte ornée de dessins, in-4.

Bombay (Gouvernement de). — Progress report of the archæological Surwey of Western India, grand in-8.

Bonaparte (Le prince Roland). — Documents de l'époque mongole, in-folio.

Bonnafé (E.). — Le musée Spitzer, br. in-8.

Bonnaud (D.). D'Océan à Océan, in-12.

Bonno (L'abbé A.). Notice sur le prieuré de Grandchamp, in-32.

Notice sur le monastère de Fontaines-les-Noms, br. in-8.

Bonvillain. — Manuscrit pâli-birman sur étoffe. 99 feuilles.

Boudier (E.). — Quelques textes démotiques archaïques, par E. Révillout, br. in-8.

Vers égyptiens. — Métrique démotique.

Bouillet (L'abbé). — Dictionary of Boodhism and Burman literature, by J. Wade, in-18.

Bourquin (A.). — Dharmasindhu, or the Ocean of religious rites by the priest Katinâtha, in-8.

Le Panthéisme dans les Védas, in-8.

Boussac (P. Hippolyte). — Le tombeau d'Anna, br. in-8.
L'Exode des dieux, in-8.

Boussuge (V.). — Le cinquième Évangile, br. in-8.

Bouteiller (de). — Cinq manuscrits birmans.

Bouvéry (J.). — Le spiritisme et l'anarchie devant la science et la philosophie, in-8.

Bouvier. — Rapport sur l'Industrie céramique en France et en Angleterre, par A. Talandier, in-8.

Mission littéraire en Lorraine, par Bonnardot, in-8.

Mission littéraire en Macédoine, par A. Dozon, in-8.

Notice sur le chevalier Aude, par A. Dureau, in-8.

Institutions charitables d'Apt, par Carbonnel, in-8.

Essai sur l'Histoire de la Gascogne, par E. Dufourcet, br. in-8.

Épigraphie dacquoise, par E. Taillebois, br. in-8.

Tumuli de Mimbaste, par A. de Chasteigner, br. in-8.

Essai épigraphique, par A. Garcin, br. in-8.

Le trésor de Barcus, par E. Taillebois, br. in-8.

La Vérité sur le trésor du Leuy, par Ed. Taillebois, br. in-8.

Les fouilles de Gouts, par H. du Boucher, br. in-8.

Annales dacquoises, par E. Dufourcet, br. in-8.

Inscription gallo-romaine et autel gaulois à divinité tricéphale d'Auch, par E. Taillebois, br. in-8.

L'île des Faisans et la paix des Pyrénées, par F. Abbadie, br. in-8.

Procès-verbaux de l'Assemblée des Trois-Ordres de la sénéchaussée d'Albret, par l'abbé Depart, br. in-8.

Procès-verbaux des Trois-Ordres de la sénéchaussée de Lannes, par F. Abbadie, br. in-8.

Sarcophage chrétien d'Apt, par M. Carbonnel, br. in-8.

Bijoux Vandales de Lonzacq et de Leuy, par Ed. Taillebois, br. in-8.

Tumuli des environs de Tarbes, par Ed. Pothier, br. in-8.

La baronie de Magescq, par G. d'Olce, br. in-8.

Deux lettres de Burie, par A. de Brezets, br. in-8.

Monnayage de Dax, par E. Taillebois, br. in-8.

Fouilles de la cathédrale de Dax, par E. Dufourcet, br. in-8.

La trouvaille d'Aurimont, par E. Taillebois, br. in-8.

Mission scientifique en Algérie, par E. Duthoit, br. in-8.

Noms de Famille, par Valère-Martin, br. in-8.

Les évêques de Dax, par E. Dufourcet, br. in-8.

Le chêne de Quillacq, par H. du Boucher, br. in-8.

Oereluy et la porte romane de son église, par E. Dufourcet, br. in-8.

Les sauvetats de Guyenne, par l'abbé Depart, br. in-8.

Deux sépultures de Saint-Vincent de Xaintes, par E. Taillebois, br. in-8.

Catalogue des vicomtes de Dax, par E. Dufourcet, br. in-8.

Les remparts gallo-romains de Dax, par R. Pothier, br. in-8.

Collection préhistorique du musée de Troyes, par E. Pillot, br. in-8.

Sur la tombe d'Hégésippe Moreau, par E. Vermesh, br. in-8.

Vase cinéraire de Vicq, par H. du Boucher, br. in-8.

Bouvier (A.). — Conservateur du musée d'Histoire naturelle de la Ville de Paris.

Catalogue du musée Africain installé au foyer du Châtelet, br. in-8.

The Indian tribes of Nord America, in-folio.

Les mammifères de la France, in-8.

Bréal (Michel). — Membre de l'Institut.

Le Zend-Avesta, br. in-4.

L'inscription de Duénos, br. in-8.

Brinton (D.-G.). — Essays of an Americanist, in-8.

The native Calendar of central América and Mexico, in-8.

Note on the classical Murmex, br. in-8.

Dr Allen's contributions to anthropology, br. in-8.

The ethnic affinities of the Guetares of Costa Rica, br. in-8.

Bibliography 1859-1898, br. in-8.

The linguistic cartography of the chaco region, br. in-8.

A record of study in aboriginal american languages, br. in-8.

Géordano Bruno, br. in-8.

Address before the Section of Anthropology : a review of the data for the study of prehistoric chronology of America, in-8.

Ab original american authors, br. in-8.

On Polysynthesis and incorporation of American languages, in-8.

Brune (P.). — Stèle gallo-romaine trouvée à Tavaux, Jura, br. in-8.

Bunyu Nanjio. — A Catalogue of the Chinese translations of the Buddhist Tripitaka, in-8.

Burgess (Jas.). — The Satrunjjaya Mahâtmyam and Pilgrimage to Parsvanāth en 1830, in-4.

The Amarâvati stupa, br. in-4.

The Sukritas amkirtana of Arisimha, br. in-4.

The rituel of the temple of Rāmēsvaram, in-12.

Notes ou the Jainas, in-12.

Digambara Jaina Iconography, in-4.

Buddhist art in India, in-8.

The New Map of Persia, in-8.

Notes ou Hindū astronomy, br. in-8.

The Gandhāra sculptures, br. grand in-4.

List of the antiquariam remains in the Bombay Presidmcy, br. in-4.

Camps (Mme). — Histoire du ciel, par Pluche, 2 vol. in-18.

Capart (Jean). Conservateur des musées royaux d'arts industriels de Belgique.

Pourquoi les égyptiens faisaient des momies, in-8.

Monuments égyptiens du musée de Bruxelles, in-8.

Ostraca grecs d'Égypte.

Notes sur les origines de l'Égypte d'après les feuilles récentes, br. in-8.

Esquisse d'une histoire du droit pénal égyptien, br. in-8.

Capitan (Dr L.). — Les Cupules à l'époque paléolithique et sur les milliaires romains, in-8.

La trouvaille de Frignicourt, in-8.

Hadjrat Mektoubat. Ou les pierres écrites, premières manifestations artistiques dans le Nord-africain, br. in-8.

La science préhistorique. Les méthodes, br. in-8.

Le XIIe congrès international d'archéologie et d'anthropologie préhistoriques.

Ph. Salman, d'Ault du Mesnil et Capitan. Age de la pierre. Habitations néolithiques. Le Campinien, br. in-8.

Une nouvelle grotte avec figures peintes sur les parois à l'époque paléolithique, br. in-4.

Une nouvelle grotte avec parois gravées à l'époque paléolithique, par L. Capitan et H. Breuil, in-4.

Carnot. — Le drapeau du 27e régiment d'infanterie, in-8.

Carpenter (J.-E.). — The place of history of religion in theological study, br. in-8.

Carra de Vaux (Baron). — L'abrégé des merveilles, traduit de l'arabe br. in-8.

Carrière (G.). — Paléoethnographie des Cévennes, br. in-8.

Cartailhac (E.). Correspondant de l'Institut. —

Les monuments primitifs des Baléares, grand in-4.

Carus (Paul). — The Gospel of Buddha, in-12.

The Gospel et Buddha, translated into japonaise, by F. Suzuki, in-8.

Eros and psyche. A fairy-tale of ancient Grecu retow after apuleius in-8

Cazenove (R. de). — Les tableaux d'Albert Dürer au musée de Lyon br. in-8.

Ceulener (Ad. de) Professeur à l'université de Gand.

Les têtes ailées de satyre, br. in-8.

Les origines de notre art national par M. Maeterlinck, br. in-8.

Le Colorado, br. in-8.

Le Portugal. Notes d'art et d'archéologie, in-8.

Het Godsdienstig onderwijs ni de Gameenteschölen der stadt Gent, in-8

Type d'Indien du Nouveau Monde sur un bronze antique du Louvre br. in-8.

De la signification des mots Negotiator Citriarius, in-8,

Chabas (F.) et **Virey** (Ph.). — Notice biographique de François-Joseph Chabas, br. in-8.

Chaboseau (A.). — Essai sur la philosophie bouddhique in-8.

Chabouillet (A). Conservateur du département des médailles à la Bibliothèque Nationale. —

Étude sur quelques camées du Cabinet des médailles, br. in-4.

Chambre de commerce de Lyon. — La mission Lyonnaise d'exploration en Chine ; 2 vol. in-4.

Champeaux (de). — Le bois appliqué au mobilier, in-8.

Le meuble ; 2 vol. in-8.

Chantre (Mme B.). — A travers l'Arménie Russe, in-8.

Chantre (Ernest). Sous-directeur du muséum d'histoire naturelle de Lyon. —

Recherches palaœthnographiques dans la Russie, 2 vol. in-8.

La nécropole protohistorique de Cagnano, près Luri, Corse, in-8,

Chapelle (S. de la). — Histoire des tribunaux révolutionnaires, in-8.

Charbonnel (Victor). — Congrès universel des religions en 1900, in-12.

Le congrès des religions et la Suisse, in-12.

Charnay (Désiré). — Cités et ruines américaines in-folio.

Lettres de Fernand Cortes à Charles-Quint sur la découverte et la conquête du Mexique, in-8.

Charronnet (Le capitaine). — Les guerres de religion et la société protestante dans les Hautes-Alpes, in-8.

Chauvet (G,). — Coup d'œil sur la période néolithique dans la Charente, in-8.

Boules et pierres de jet dans les dépôts quaternaires, br. in-8.

Une ville gallo-romaine près de Saint-Cybardeaux, Charente. — Lermanicomagus, in-8.

Hypothèse sur une statuette antique trouvée à Angoulême, in-8.

Les haches en bronze de Chébrac, br. in-8.

L'archéologie préhistorique à la Faculté de Poitiers, br. in-8.

Chavannes (Ed.). Membre de l'Institut. —

De l'expression des vœux dans l'art populaire chinois, in-8.

Chélard (R.). — La Hongrie contemporaine, in-18.

Chevalier (Henri). — Fouzokou guafou, fasc. in-4.
La charrue en Asie (Chine, Japon), br. in-4.
Les charrues en Asie, Indo-Chine, Inde, Perse, in-4.
Les charrues d'Afrique br. in-8.
Les anciennes coiffures chinoises, br. in-4.
Les coiffures coréennes, br. in-4.

Chevalier (Ulysse). — Le mystère des trois-Doms, in-4.
Compte de Raoul de Louppy, in-8.
Itinéraire des Dauphins de la troisième race, in-8.
Des règles de la critique historique, br. in-8.
L'hymnologie dans l'office divin, br. in-8.
La renaissance des études liturgiques, br. in-8.

Chimkévitch (de). — Matériaux pour l'étude du chamanisme à Goldoff, in-8.

Chossat-Montburon (E. de). — Répertoire assyrien, in-4.
Répertoire Sumérien, in-8.

Chrétien (L'abbé). — Manuscrit Druse, in-8.

Christ (W. von). — Gedächtnisrede auf Karl von Prantl, br. in-4.

Clark (J.-M.). — The functions of a great university, br. in-8.

Clédat (J.). — Le tombeau de la dame Amten, br. in-8.
La médecine chez les anciens égyptiens, br. in-8.
Observations sur deux tableaux ethnographiques égyptiens, br. in-8.

Clédat (L.). — L'orthographe française, br. in-8.

Clercq (A. de). — Ethnographische Beschrijwing van Nederlandsch Nieuw Guinea, in-4.

Cœdès (Mme G.). — Les inscriptions grecques interprétées, par W. Frœhner, in-12.
Les Inscriptions grecques du musée du Louvre, par Frœhner, in-12.
Catalogue of sanskrit mss. existing in Oudh. by C. Browning, fasc. 3. 1873.
— — by J. C. Nesfield, fasc. 5. 1875.
— — — fasc. 8. 1876.
— — discovered 1er Avril au 30 Juin 1875.

Coint-Bavarot. — D'Arles à Saint-Louis du Rhône, in-8.

Colin (Armand), éditeur. — Manuel d'histoire des Religions par P. D. Chantepie de la Saussaye, in-8.

Collin de Plancy. Ministre de France à Séoul. — Iho moun ryouk htyei. Six formes de caractères anciens, in-8.

Kana Awase, in-8.

Sam yeng po thien, in-8.

Ok hoam po houn, in-8.

Tjou saing yen sa myo eung tjin kyeng, in-8.

Syoul mong sva ou, in-8.

Sye pang houi tjyeng, 2 vol. in-8.

Tjeung tyeng kyeng sin rok, in-8.

Khyeng tin rok au tyek, in-8.

Kyei Koung tji, 7 vol. in-8.

Tjoung hyang tjip, 8 vol. in-8.

Coquet (A.). — A travers l'Espagne, in-8.

Cordier (Henri). Professeur à l'École des Langues orientales vivantes. —

Le conflit entre la France et la Chine, br. in-8.

Deux voyageurs dans l'Extrême-Orient au XVe et XVIe siècle, br. in-8.

Half a Decade of Chinese Studies (1886-1891), br. in-8.

Cotteau (E.). — De Paris au Japon à travers la Sibérie, in-12.

Coulomb. — Le secret de l'Absolu, in-18.

Courant (Maurice). Maître de conférences à l'Université de Lyon. — Bibliographie coréenne, 3 vol. in-8.

La Cour de Pékin, br. in-8.

Stèle chinoise du royaume de Ko-Kou-rye, br. in-8.

Lecture japonaise du chinois, br. in-8.

Notes sur les études coréennes et japonaises, br. in-8.

A propos du système unique des transcriptions en lettres latines des caractères du dictionnaire de K'ang-hi, br. in-8.

Les associations en Chine, br. in-8.

Notes sur l'enseignement de la langue chinoise, br. in-8.

La presse périodique japonaise, br. in-8.

De l'utilité des études chinoises, br. in-8.

Couret (A.). — Études chrétiennes de littérature, in-8.

Courpon (S.-B. de). — La tour du Silence, manuscrit in-8.

Coutagne (H.). — Richard Wagner, in-8.

Crawford (A.-W.). — The creed of Japhet, in-8.

Croizier (Mis de). — Manuscrits siamois de la Bibliothèque Nationale in-8.

Culin (Stewart). — China in America, in-8.

Chinese games with dice, br. in-8.

The practice of medicine by the Chinese in America, br. in-8.

I Hing or Patriotic Rising, br. in-8.

Korean games with notes on the corresponding games of china an Japan, in-4.

Cumont (F.). — Textes et monuments figurés relatifs aux mystères d Mithra, in-4.

Alexandre d'Abonotichos, br. in-8.

Cuvier (F.). — Note sur les terrains tertiaires traversés par le tunne de Caluire, br. in-8.

Dabry de Tiersant. — Nos intérêts dans l'Indo-Chine, br. in-8.

Daleau (F.). — L'anthropologie au Congrès de Grenoble, br. in-8.

Danguin. — Essai sur la gravure, br. in-8.

Darmesteter (J.). — Textes pehlevis relatifs au Judaïsme, in-8.

Afghan life in Afghan sings, in-8.

Daubrée (A.). — L'exploitation des métaux dans la Gaule, br. 8°.

L'exploitation des mines métalliques dans la Gaule, br. in-8.

Forts vitrifiés de la France, br. in-8.

Examen de matériaux provenant des forts vitrifiés, br. in-8.

Dedekind (Al.). — Kürnberg. Trauerspiel in fünf Auten, in-18.

Delattre (R.-P.). — Carthage. Nécropole punique de la colline Sain Louis, br. in-8.

Les tombeaux puniques de Carthage, br. in-8.

Gamart, ou la nécropole juive de Carthage, br. in-8.

Del Bon (A.). — Memoriale de politica positiva, in-18.

Delpit (J.). — Poésies inédites de Chancel Lagrange, in-8.

Revue critique de la première exposition des Beaux-Arts à Bordeaux, in-18.

Fragment de l'histoire des Arts à Bordeaux, br. in-8.

Notice sur J.-L. Dessales, br. in-8.

Origine de l'imprimerie en Guyenne, br. in-8.

Le Prince ridicule, br. in-8.

Un collectionneur Bordelais, br. in-8.

Réponse d'un campagnard, br. in-8.

Derenbourg (H.). Membre de l'Institut. — Silvestre de Sacy, br. in-8.

Études sur l'épygraphie du Yémen, br. in-8.

La science des religions et l'Islamisme, br. in-32.

Nouveau mémoire sur l'épitaphe minéenne d'Égypte, br. in-8.

Desbans. Lieutenant de vaisseau. — The Conquest of Eastern Turkestan in 16 pictures, in-folio.

Descamps (A.). — Bourges et une ancienne colonie écossaise dans le Berry, br. in-8.

Desgodins (L'abbé). — Mission du Thibet de 1855 à 1870, in-8.

Desgrands (L.). — De l'influence des religions sur le développement économique des peuples, br. in-12.

Deshayes (E.). Conservateur adjoint du musée Guimet.

La céramique japonaise, in-18.

A propos d'une préface, br. in-8.

Études sur l'histoire de la porcelaine chinoise, br. in-8.

L'expertise des dessins et peintures au Japon, br. in-8.

The Kyoto industrial exhibition of 1895, in-8.

Le Japon. Histoire et Religion, par J. Eggermont, in-8.

Quelques notes sur la cérémonie du thé au Japon, br. in-4.

Deslongchamps Deville. — Texte sanscrit du Mānava Dharma Çāstra écrit de la main de Loiseleur Deslongchamps, in-8.

Devéria (G.). — Notes d'épigraphie mongole-chinoise, br. in-8.

Musulmans et Manichéens chinois, br. in-8.

Stèle Si-hia de Leang-tcheou, br. in-8.

Dieulafoy. Membre de l'Institut. — Note sur les monuments archaïques du Forum, br. in-8.

Dollfus (A.). — Catalogue de Netzkés, br. in-8.

Doniol (A.). — Histoire du XVIe arrondissement de Paris, in-8.

Dor (Mme H.). — Souvenirs du congrès d'Alger. Tunis et la Kabylie, in-8.

Douai (L.). — Nouvelles recherches philosophiques sur l'antiquité américaine, in-8.

Études étymologiques sur l'antiquité américaine, in-8.

Doutté (E.). — Les tas de pierres sacrées et quelques pratiques connexes dans le Sud du Maroc, br. in-8.

Dragendorff (H.). — Terra sigillata, br. in-8.

Dubor (G. de). — Les langues de l'espèce humaine, in-8.

Le Mazdéisme, in-8.

Duc (L.). — Étude raisonnée de la versification française, in-8.

Duchâteau (J.). — Les Aïnos, in-8.

Du Camps (M.). — La charité à Paris, br. in-12.

Ducarre. — Lyon, ville de la soie, br. in-8.

Dumoutier (G.). Directeur de l'Enseignement au Tonkin.

Le grand Bouddha de Hanoï, br. in-8.

Les débuts de l'enseignement français au Tonkin, br. in-8.

L'Enfer. Notes sur le Bouddhisme tonkinois, br. in-8.

Légendes historiques de l'Annam et du Tonkin, in-8.

Tam Giao. — Livre des trois doctrines, 2 vol. in-8.

Les stations de l'homme préhistorique, br. in-8.

Dumuys (L.). — Recherches sur les catacombes d'Orléans, in-8.

Dupuis (J.). — Les origines de la question du Tonkin, in-8.

Le Tonkin et l'intervention française, in-12.

Dürst (J.-Ul.). — Die Rinder von Babylonien, Assyrien und Aeygpten und ihre Zusammenhang mit die Rindern der alten Walt, in-4.

Dvoraka (R). — Confucius and Lao tse, br. in-8.

Edmunds (A.-J.). — A dialogue ou former existence between Gotamo and his monks. Première partie, br. in-32.

Edwards (A. B.). — The dispersion of antiquities, br. in-4.

Recent discoveries in Egypt, br. in-8.

Edwards (O.). — Japanese theatres, in-8.

Eisenlohr (A.). — Altaegyptische Maasse, br. in-8.

Recherches sur les origines de l'Égypte, br. in-8.

Letter to M. Rylands, br. in-8.

Encausse (Dr). — Traité de science occulte, par Papus, in-8.

Essarts (J. des). — Suffrage universel et bourgeoisie, br. in-12.

Estrées (Mme Marguerite d'). — A travers l'Egypte et la Grèce, in-12.

En Orient, br. in-12.

Euting (J.). — Tabula scriptura Hebraïcæ, in-folio.

Eysséric (J.). — Rapport sur une mission scientifique à la côte d'Ivoire, br. in-8.

Falconnier (R.). — Les 32 lames hermétiques du Tarot divinataire, in-12.

Favre (L'abbé). — Notice sur l'importance de l'enseignement du Malais et du Javanais, br. in-8.

Felumb (E. M.). — La France et Paris, br. in-8.

Feer (Léon). Bibliothécaire à la Bibliothèque Nationale.

Tirthikas et bouddhistes, br. in-8.

Contes indiens. Les 32 récits du trône, in-12,

Le livre des cent légendes: Avâdama-Çataka, in-8.

Adaptation au sanskrit de l'alphabet de transcription usité pour le Câli, in-8.

Ferry (Jules). Ministre de l'Instruction publique.

Discours prononcé à la Sorbonne le 31 mars 1883, br. in-8.

Fewkes (J.-W.). — The pa-lu-lu-kon-ti, br. 8°.

Fillion (L.-Cl.). — Atlas de la Bible, in-folio.

Forestier (Ch.). — Christophe Collomb, par Roselly de Lorgues, in-8

Forrer (R.). — Ausgrabungen im Graufthal, br. in-8.

Foucher (A.). — Maître de conférences à l'École des Hautes Études.

Sur la frontière indo-afghane, in-4.

Franche (Lucien). — Les possessions françaises de l'Ouest africain in-8.

Frandon (E.). Consul de France.

King-te-tchin thao-lou. Histoire de la porcelaine, 4 vol. 8.

Types, costumes, outils, ustensiles, etc., des Chinois du Sud, 2 vol. in-folio.

Francks. Conservateur au British museum.

Guide to the galleries of the British museum, in-12.

Fujishima (Ryauon). — Le bouddhisme japonais, in-8.

Furchheim (F.). — Bibliographia del Vesuvio, br. in-8.

Furness (W.-H.). — Folk-lore in Borneo, in-12.

Gabelentz (G. von der). — Mafoor zum Malayischen, in-8.

Ueber den chinesischen Philosophen mek Tick br. in-8.

Der Räuber Tschik, br. in-8.

Wén-tsï, br. in-8.

Galiment (Henri). Attaché au musée Guimet.

Questions chronologiques, par Em. Laroche, in-8.

Hérodote et les débuts du syncrétisme gréco-égyptien br. in-8.

Gallée (J.-H.). Professeur à l'Université d'Utrecht.

Bijdrage tot de Geschiedenis der Dramatischen Vertooningue, in-8.

Galy (E.). — Catalogue du musée archéologique de Périgueux. in-8.

Catalogue des tableaux, dessins, statues, gravures et œuvres d'art du musée de la ville de Périgueux, in-8.

Garnier (E.). — Catalogue de la collection Gasnault, in-8.

Gasnault (P.). — Catalogue de la collection Jacquemart, in-8.

Gaur Das Bysack. — Kalighat and Calcutta, br. in-8.

Gautier (J.-E.). — Fouilles dans la haute vallée de l'Oronte, br. in-8.

Gayet (Al.). — Antinoé et les sépultures de Thaïs et de Sérapion, in-4.

Gibert (E.). — Découverte et description des îles Garvanzos, in-8.

L'Espagne et la question de Bornéo et de Yolo, br. in-8.

Giethlen (L.). — Prisse d'Avesnes, br. in-8.

Gilardin (J.). — L'immortalité et la vie future devant la science moderne, br. in-8.

Girard (V.). — La Transmigration des âmes et l'évolution indéfinie de la vie au sein de l'univers, in-18.

Giraud (J.-B.). — Les Origines de la soie, br. in-8.

Glaize. — Catalogue du musée de Dijon, in-12.

Glaser (Ed.). — Südarabische Streit'fragen, in-8.

Goblet d'Alviella (Le comte). — Le Triçūla ou Vardhamāna des Bouddhistes. Les origines et ses métamorphoses, br. in-8.

Recherches sur l'histoire du Globe ailé hors de l'Égypte, br. in-8.

Le peigne liturgique de Saint-Loup, br. in-8.

L'Idée de Dieu, in-8.

Arbre sacré entre deux créatures affrontées, br. in-8.

Un curieux problème de transmission symbolique. Les roues liturgiques de l'ancienne Égypte, br. in-8.

Godefroy. — Religion fusionienne, par L.-J.-B. de Tourreil, in-8.

Goldschmidt (L.) et **Pereira** (F.-M.-E.). — Vida de abba Daniel de morteire de Leete, br. in-8.

Golovine (E. de). — Dictionnaire historique et critique, par Bayle, 3 vol. in-fol.

Parallèle des Religions, 5 vol. in-4.

Nouveau Dictionnaire historique et critique, par J.-G. de Chaufepié, 4 vol. in-fol.

Goncourt (E. de). — Outamaro. Le peintre des maisons vertes, in-18.

Gosse (J.-H.). — Recherches sur quelques représentations du vase eucharistique, br. in-4.

Gourre (L'Abbé). — L'ancien et le nouveau Testaments en Montagnais, langage des Esquimaux, in-8.

Grandjean (J.-M.). — Tableau comparatif des principales modifications phonétiques, br. in-8.

Grasserie (R. de la). — Langues de l'Extrême-Orient, br. in-8.

Grierson (G.-A.). — The mediœval Vernacular literatur of Hindustan, in-8.

Groot (J.-J.-M. de). — Jaarlijkshe feestera van de Emoy Chinezen, in-8.

Buddhist masses for the Dead, in-8.

Le Code du Mahāyāna en Chine, in-8.

Demise of an Amoy gentleman, br. in-8.

The religions system of China, 4 vol. in-8.

Over het belang der Kennis van China, br. in-8.

Is there religious liberty in China? br. in-8.

Het Kongsiwesen von Borneo, br. in-8.

On Chinese divination, br. in-8.

Wedding garments of a Chinese woman, br. in-4.

Grosset (J.). — Contributions à l'étude de la numismatique hindoue, br. in-8.

Groult (E.). — Les Évangiles de la Messe, br. in-8.

La France des Musées cantonaux en 1891, br. in-8.

Grube (W.). — Note préliminaire sur la langue et l'écriture Jou-tchen, br. in-8.

Grünwedel (A.). — Das sechste Kapitel der Rūpasiddhi, in-8.

Gubernatis-Fibra (A. de). — Pagine di Ricardi, in-8.

Guigue (C.). — Les deux Ponce, évêques de Mâcon, br. in-8.

Guinaud. — Monographie du temple de Salomon, in-8.

Guimet. Directeur du musée Guimet. — Palerme. Photographies de monuments, in-4.

Itinéraire illustré de la Haute-Égypte, par Al. Gayet, br. in-12.

Guyot (Yves). — Études sur les doctrines sociales du christianisme, in-18.

La revision du procès Dreyfus, in-8.

Hamon (A.). — Survivances animiques et polythéiques en Bretagne, br. in-8.

Hamy (E.-T.), membre de l'Institut. — Sur une ancienne statue du dieu Çiva, provenant des ruines de Kampheng-phet, br. in-8.

Hardouin. — Mahat Phra Malay. Manuscrit, paravent.

Harlez (C. de). — Introduction à l'étude de l'Avesta, br. in-8.

Le Calendrier anestique, in-8.

I-li, le plus ancien rituel de la Chine, in-8.

Les Religions de la Chine, in-8.

Hartmann (S.). — Buddha. A drama in twelve scenes, br. in-12.

Hayashi (T.). — Catalogue de la Collection des gardes de sabres japonaises au Musée du Louvre, in-4.

Collection Hayashi, 2 vol. in-4.

Hébert (L'abbé Marcel). — La faillite du catholicisme despotique, br. in-8.

La dernière Idole, br. in-8.

Anonyme ou polyonyme, br. in-8.

Hein (A.-R.). — Mäander, Kreuze Haken-Kreuze, br. in-8.

Heinrich (G.-A.). — Histoire de la Littérature allemande, 3 vol. in-8.

Heinrich (G.-A.) et **Belot** (E.). — Allocutions aux étudiants de la Faculté des Lettres de Lyon, br. in-8.

Hertz (W.). — Gedächtnisrede auf Konrad Hoffmann, br. in-4.

Hervey de Saint-Denis (Le Marquis d'), membre de l'Institut. — Mémoire sur les doctrines religieuses de Confucius, br. in-4.

Hiradé Kojiro. — Les mœurs de Tokyo, 3 vol. in-8.

Hirth (Fr.). — China in Zeichen des Forschrittes, in-8.

Die Malerei in China, br. in-8.

Die alttürkischen Inschriften der Mongolie. — Nachwarte zur Inschrifte des Tonjukuk, par W. Radloff, in-8.

Hitomi (I.). — Le Japon. Essai sur les mœurs et les institutions, in-8.

Hoffmann. — Catalogue des antiquités égyptiennes de la collection Hoffmann, par G. Legrain, grand in-4.

Hopkins (E.-W.). — The religions of India, in-8.

Horrach (Mme de). — Bibliothèque égyptologique de feu M. de Horrack, 600 volumes et brochures.

Hospitalier (E.). — Les miroirs japonais, br. in-8.

Houssay (F.). — Les races humaines de la Perse, in-8.

Hubert (H.) et **Mauss** (M.). — Essai sur la nature et la fonction du sacrifice, br. in-8.

Hugo (Le comte Léopold). — The sacred city of Benares, by J.-Th. Bent, in-8.

Hugot (A.). — Organisation communale des indigènes des Philippines, in-8.

Huth (G.). — The Chandoratnākara of Ratnākara-Cānti, br. in-8.

Imhaus (E.-N.). — Les Nouvelles-Hébrides, in-8.

India Office. — A descriptive Catalogue of the sanskrit manuscripts in the Library of the Calcutta sanskrit Collage, in-8.

A preliminary study of tre Po ° u ° daung inscriptions, br. in-4.

Alphabetical Index of Manuscripts in the Government Mss. Library, Madras, in-4.

The Moghul architecture of Fathpur Likri, by Ed.-W. Smith, in-4.

Report on the search for Sanskrit manuscripts in the Bombay presidency during the Years, 1891-95, by A.-V. Kathavate, in-8.

Durgā pujā, by Pratapachandra Ghosha, in-18.

Rig-Veda, by H. H. Wilson, vol. IV, V, VI, in-8.

Mānava kalpa sūtra, in-8.

Epigraphia Indica, vol. in-4.

Photographs of Madras and Burmese art-ware, in-8.

Famous monuments of Central Indial, by Sir Lapel Griffin, in-8.

Corpus Inscriptionum Indicarum, by Al. Cunningham, in-4.

Indian philosophical systems, by F. Hall, in-8.

Selections from the Records of the Hlutdaw, by Taw Sein-ko, in-8.

Bihar peasant life, in-8.

A Tibetan-English Dictionary, by H. A. Jäschke, in-8.

A Dictionary English and Sanskrit, by Monier Williams, in-4.

Progress reports of the Epigrafical and Architectural branches of the Northwestern Provinces and Oudh, for 1891-1892, br. in-4.

Map of the district Peshawar, in-fol.

India office Library's, catalogue in-8.

Archaeological Survey of India, vol. in-4.

A Tibetan-English dictionary with Sanskrit synonymes, by Sārat Chaudra Dās, in-4.

Inouyé (T.). — Sur le développement des idées philosophiques au Japon avant l'introduction de la civilisation européenne, br. in-8.

Inwards (R.). — The temple of the Andes, br. in-4.

Jackson (A.-V.-W.). — Zoroaster, the pamphlet of ancient Iran, in-8.

Jackson (J.). — Socotora, br. in-8.

Jagor (Le Dr). — Die Badagas im Nilgiri Gebirge, in-8.

Ueber einige Kasten in Malabar, br. in-8.

Alterthümer aus Bologne, br, in-8.

Schwartz brennen von Thongefëssen in Indien, br. in-8.

Einige Sklaven Kasten in Malabar, br. in-8.

Ueber die Andamanesen, br. in-8.

Etwas über die Steinzeit in Japan, br. in-8.

Schwartzer Thongefässen in Indien und in Turkei, br. in-8.

Ein Steinmesser und Silex Zauberhültzer aus Sud-Australien, br. in-8.

Die Wedas, in-8.

Japonischen Kjikkenmöddinger, br. in-8.

Die Kanikars, br. in-8.

Messungen am Llebenden Indien, br. in-8.

Singapore, Malacca, Java. Reizeskissen, in-8.

Jametel (Maurice). — L'épigraphie chinoise au Tibet, br. in-8.

Janko (J.). — Das delta des Nil, in-4.

Japon (Gouvernement Impérial du). — Catalogue of the Imperial Museum in Tokyo, 3 vol. in-8.

Jewangi (Ardeshir). — Model of a tower of Silence.

Jewet (J.-R.). — Arabic proverbs, in-8.

Joanne (Paul). — Les Musées de Paris. in-8.

Jouet (L'abbé P.). — Appel comme d'abus contre l'archevêque de Paris, br. in-8.

Jubin. — La sériciculture, le commerce des soies et des graines et l'i dustrie de la soie au Japon, par E. de Bavier, in-8.

Juynboll (H.-H.). — Wajang Kelitik oder Kerutjil, in-4.

Komory (S.). — Wissenschaftliche Vorträge auf dem Gebiete der v gleichenden Sprachwissenschaft, in-8.

Karabacek. — Mittheilungen aus der Sammlung der Papyrus Erzher Rainer, in-4.

Kavada. — Journal japonais de Paris, n° du 6 juin 1800.

Kawamoura (Sirô), attaché au Musée Guimet. — King-tei Taï-thsi Kaï-ten, 16 vol. in-8.

Kò-kan yékitchi rokou, 36 vol. in-8.

Kin-riò-djô, par Koba-yashi, in-8.

Beio Kouairan jikki. — Voyage en Europe et en Amérique, 8 v in-12.

Histoire du Bouddhisme au Japon (texte japonais), 3 vol. in-8.

Kern (H.). — Jâtaka Mâlà or Bodhisattvâvadâna-mâlâ by Ârya-Çûı in-8.

Over einige oude Sanskrit opscheiften, br. in-8.

Kimon (D.). — La Pathologie de l'Islam, in-12.

La guerre antijuive, in-12.

La rénovation hellénique, in-12.

Knapp (C.). — Notice sur les voyageurs et les géographes Neuchâtelo br. in-8.

Kraft. (H.). — A travers le Turkestan, in-4.

Kremer (A. de). — Discours d'ouverture du septième Congrès interr tional des Orientalistes, br. in-8.

Lacassagne (Dr A.). — Les vols à l'étalage et dans les grands magasir br. in-8.

Lacouperie (Terrien de). — The fabulous Fishman of early Babylor in ancient Chinese accounts, br. in-8.

Wheat carried from Mesopotamea to early china, br. in-8.

The old Babylonian Characters and their Chinese derivates, br. in-

Chips of Babylonian and Chinese palaography, br. in-8.

Lacouperie (Terrien de). — The languages of China before the Chinese, br. in-8.

Formosa : Notes on manuscripts, languages and races, br. in-8.

Khan, Khakan and other Tartar tilles, br. in-8.

Did Cyrus introduce writing into India? br. in-8.

The Tree of life and the Calendar plants of Babylonia and China, br. in-8.

Babylonia and China, br. in-8.

Formosa notes, br. in-8,

On the metallic cowries of ancient China, br. in-8.

Une monnaie Bactro-Chinoise bilingue, br. in-8.

Nai Hwang-ti of China and Nakhunte of Susiana, br. in-8.

Old numerals in China, br. in-8,

Calendar plant of China, br. in-8.

Lafaye (Georges), professeur adjoint à la Faculté des Lettres de Paris. — Histoire du Culte des divinités d'Alexandrie, in-8.

Notes d'un voyage en Corse, br. in-8.

Quelques inscriptions des Bouches-du-Rhône, br. in-8.

Catulle et ses modèles, in-8.

La réforme universitaire en Italie, br. in-8.

Note sur la voie Aurélienne à Aix et sur les antiquités de la Roque d'Autheron, br. in-8.

Laffitte (J.). — Un coin de Paris, in-8.

Lafon (A.). L'amphithéâtre de Fourvière, br. in-8.

Lafont (G. de). — Le Bouddhisme, précédé d'un essai sur le Védisme et le Brahmanisme, in-12.

Le Mazdéisme. L'Avesta, in-12.

Lagrené (De). — Histoire naturelle malaise. Zoologie, in-8.

Lahor (Jean). — L'enchantement de Siva, br. in-8.

Lamairesse (E.). — Le Kāma-Soutra, in-8.

Le Japon, in-8.

La Vie du Bouddha, in-12.

L'Inde avant le Bouddhisme, br. in-8.

Lang (T.). — Notice sur l'École de la Martinière, br. in-8.

Langlois (L.). — Causeries familières aux enfants des écoles primai in-8.

Lanier (A.). — Recueil de textes étrangers, in-4.

Lanman (Ch. R.). — Atharva-Veda : critical notes ; with sorur accou of whitney's commentary, in-8.

Lanoye (F. de). — Ramsès le grand, br. in-8.

Laporte (Capitaine). — Dessins de fleurs ; album ayant appartenu à Bibliothèque de l'empereur K'ien-long.

Collection de bronzes antiques ; album ayant appartenu à la Bibli thèque de l'empereur K'ien-long.

Largeris (Maurice). — Brahm. Trilogie panthéistique : substance, év lution, dissolution, in-12.

Samahiva, drame indien, in-12.

Les Effluves, in-12.

Chants du Kosmos, in-12.

Lasteyrie (de). — Rapport de la Commission des antiquités de Fran 1891, br. in-4.

Laurière (J. de). — Souvenir archéologique du Portugal, br. in-8.

Lavertujon (A), sénateur. — Rapport sur la création des compagnies colonisation, br. in-4.

Lébédoff (Olga de). — Abrégé de l'histoire de Kazan, br. in-8.

Le Bon (G.). — Exploration archéologique de l'Inde et du Népal, in-

Lebouçq (Le P. X.). — Monseigneur E. Dubar et la mission catholiq du Tché-li Sud-Est, in-8.

Leclère (Adhémar), résident de France au Cambodge. — Recherch sur la législation cambodgienne, in-8.

Le livre de Vesandār, le roi charitable, br. in-4.

Contes laotiens et contes cambodgiens, in-8.

Mœurs des Cambodgiens, br. in-8.

Deux contes indo-chinois, br. in-8.

Le Bouddhisme au Cambodge, in-8.

Leemann. — Beschrijirng van de Indische Oudheden van het rijks-mu seum te Leiden, in-18.

Lefébure (E.). — Un chapitre de la chronique solaire, br. in-8.

Lefèvre Pontalis (Pierre), secrétaire d'ambassade. — Livre des prières du temple de Chô-bo, in-8.

Chansons et fêtes du Laos, in-18.

Notes sur quelques populations de l'Indo-Chine, br. in-8.

Tidnak Pala. Migrations d'un Bouddha antérieur, donné par le Phra sa da. Manuscrit laotien, 91 feuilles.

Soupom Mamoka. Manuscrit laotien, 274 feuilles.

Chan Phra Sot. Manuscrit, etc., 21 feuilles.

Sop Pha mit. Manuscrit, etc., 23 feuilles.

Prom ma that. Manuscrit sur feuilles de palmier, caractères laotiens, 33 feuilles.

Léger (L.), membre de l'Institut. — Étude de mythologie slave. Péroun et Saint-Élie, Santovit et les dieux en Vit, 2 br. in-8.

Leger (M.-A.). — Note sur l'ancien Pont-de-Saône, br. in-8.

Leitner. — On the Sciences of language and of ethnography, br. in-8.

Muhammadanism, in-8.

Lejeune (Ch.). — La représentation sexuelle en religion, art et pédagogie, in-8.

Lémann (A.). — Les étapes d'une nation qui meurt, br. in-8.

Lemire (Ch.), ancien résident de France. — Les anciens monuments des Kiams, br. in-8.

Catalogue de la collection indo-chinoise, br. in-8.

Excursion à Hué, br. in-8.

Le Barbe-bleue de la légende et de l'histoire, br. in-8.

Les arts et les cultes anciens et modernes en Annam-Tonkin, br. in-8.

Le Plongeon (A.). — Sacred mysteries among the Mayas and the Quiches, in-8.

Here and there in Yucatan, in-8.

Leroux (E.). — Catalogue de la collection Ph. Burty, in-8.

Lesoudier. — Auguste Comte méconnu, in-8.

Le Tellier (A.). — La Chine. Essai ethnographique, médical et hygiénique, br. in-8.

Lévi (Sylvain), professeur au Collège de France. — La science des religi
et les religions de l'Inde, br. in-8.

La science des religions et les religions de l'Inde, br. in-8.

Lewy d'Abartiaque. — De l'origine du basque, br. in-8.

Liéblein (J.), professeur à l'Université de Christiana. — Gammel aegy
tisk religion populaert frumstillet, br. in-8.

Egyptian religion, br. in-8.

Handel und Schiffahrt auf dem Rothen Meere, in-8.

Egyptian religion, br. in-8.

Lizerai (N.). — La trinité chrétienne dévoilée. Réponse aux objectio
br. in-8.

Locart (A.). — Note sur une tombe romaine trouvée à Lyon, br. in-

Mollusques utilisés en Nouvelle-Calédonie, br. in-8.

Loewenthal (E.). — Le Cogitantisme, in-8.

Loubat (duc de). — Codex Féjárváry-Mayer. Manuscrit mexicain pr
colombien, in-4.

Codex vaticanus n° 3773, par E. Seler, in-fol.

Il manoscritto Messicano Vaticano 3773, reprodutto in foto crom
grafia, in-18.

Das Conatamatl der Dubin'schen Saemmlung, von E. Seler, in-4.

Manoscritto Messicano Borgiano, in-4.

Codice Caspiano. Libro del messico, petit in-4.

Il manoscritto Messicano Vaticano 3788, detto il codica Rios, ripr
detto in fotocromografia, in-fol.

Mac-Kaye (Mme M.-E.). — L'affinité des religions, par Th.-W. Higgi
son, in-8.

Madras (Gouvernement de). — Report on a search for Sanskrit a
Tamil manuscripts for the year 1896-97, par S. Sastri, in-8.

Madrolle (Cl.). — Itinéraire dans l'Ouest de la Chine, 1895, in-8.

Haïnan et la côte continentale voisine, in-8.

En Guinée, in-8.

Mahârâja de Jammu et Kashmir. — Catalogue of sanskrit manu
cripts, in-4.

Maindron (Maurice). — L'art indien, in-8.

Maire de Marseille. — Catalogue des monuments chrétiens du musée de Marseille, par E. Le Blanc, in-8.

Maître (L.). — Études sur les Vénus gauloises, in-8.

Malvert. — Sciences et religion, in-18.

Marillier (L.), professeur à l'École des Hautes Études. — La survivance de l'âme et l'idée de justice chez les peuples non-civilisés, br. in-8.

Marre (A.). — Malais et Chinois, br. in-8.

Martha (Jules), professeur à la Faculté des Lettres de Paris. — Héraclès au repos, br. in-4.

Quid significaverint sepulchrales Nereidum figuræ, in-8.

Les sacerdoces athéniens, in-8.

Martin (Le D[r]). — La médecine légale en Chine, in-8.

Martin (L.). — Considérations générales sur la législation civile et pénale de la Révolution française, br. in-12.

Martinet (E.). — Dictionnaire de prononciation Tamoule figurée en français, in-8.

L'Inde et les Indous, in-4.

Marucchi (O.), conservateur du musée du Vatican. — Cataloguo del muséo Egizio Vaticano con la traduzione dei principali testi geroglifici, in-8.

Gli antichi oggetti Egiziani inviati im dono al sommo pontifice Léone XIII da S. A. R. Il Khedivé d'Egitto, br. in-8.

Di una mommia egizia reccutemente pervenuta al muséo Vaticano, br. in-8.

Il museo Egizio Vaticano descritto e illustrato, br. in-8.

Mason (O. T.). — Arrows and Arrow-makers, br. in-8.

Maspero (G.), membre de l'Institut. — Études égyptiennes sur une version arabe du conte de Rampsinite, in-8.

Massillon Rouvet. — Le sarcophage de Saint-Parize-le-Châtel, br. in-4.

Mauroy (V.). — Le fils de Dieu, in-12.

Dieu, in-18.

Mazelière (Marquis de la). — Essai sur l'évolution de la civilisati indienne, 2 vol. in-12.

Essai sur l'histoire du Japon, in-18.

Menant (Mlle D.). — Un réformateur Parsi dans l'histoire contemp raine de l'Inde.

Behranji M. Malabari, in-8.

Menant (Joachim), membre de l'Institut. — Les écritures cunéiform seconde édition, in-8.

Documents juridiques de l'Assyrie et de la Chaldée, par Appert Menant, in-4.

La glyptique orientale, seconde partie, in-4.

La bibliothèque du palais de Ninive, in-18.

Le cylindre de Urkham au Musée britannique, br. in-8.

L'expédition Wolf en Mésopotamie, br. in-8.

Intailles de l'Asie Mineure et de la Susiane, br. in-8.

Deux fausses antiquités chaldéennes, br. in-8.

La stèle de Chalouf. Essai de restitution du texte perse, br. in-8.

Remarques sur les portraits des rois assyro-chaldéens, 1882, br. in-

Observations sur trois cylindres orientaux, br. in-8.

La Bible et les cylindres assyriens, br. in-8.

Kar-Kémish. Sa position d'après les découvertes modernes, in-4.

Essai sur la philosophie orientale, par A. Charma, in-8.

Mène (Dr E.). — Le chrysanthème dans l'art japonais, br. in-8.

Les productions végétales du Japon, br. in-8.

Mercier (E.). — La condition de la femme musulmane dans l'Afriqu septentrionale, br. in-12.

Mercier (H.-C.). — Trenton and Somme gravel specimens, br. in-8.

Mexique (gouvernement du). — Estadistica general de la Republic Mexicana, vol. in-8.

Annuario Estadistico de la Republica Mexicana, in-8.

Boletin demographico de la Republica Mexicana, in-8.

Cento general de la Republica Mexicana, in-8.

Meyer (A.-B.), directeur du Musée d'ethnographie de Dresde. — Maske von New-Guinea und den Bismarck Archipel, in-folio.

Lung-ch'üan-yas, br. in-4.

Ein neuer Fundort von Nephrit in Asien, br. in-8.

Ein zweiter Rohnephrit fund in Steyermark, br. in-12.

Das Jadeitheil von Gurina in Gailthal, br. in-12.

Bustaben Inschrift oder Zauber formel in der Pertisan, br. in-8.

Dippil Sprache, in-12.

Meyer (A.-B) et **Richter** (O.). — Die Bestattiengs weisen in der Minahassa ni Nord Celebes, grand in-4.

Michéa. — Ramnugur et Mundlah. Collection de quinze photographies.

Mikami (S.). — Daï Nippon bi jutsu dzu fu kwai setsu, 8 vol. in-8.

Millaud (Édouard), sénateur. — Discours à l'ouverture de la XVIIIe session du Congrès des Beaux-Arts, br. in-8.

Discours d'ouverture de la réunion de la société des Beaux-Arts, 1890, br. in-8.

Milloué (L. de), conservateur du Musée Guimet. — Le bouddhisme dans le monde, in-12.

Essai sur la religion des Jains, br. in-8.

Quelques mots sur les anciens textes souscrits du Japon, br. in-8.

Essai sur le Jaïnisme par un Jain, in-8.

Millot (E.). — La France dans l'Extrême-Orient, br. in-8.

Ministre du Commerce. — Exposition universelle internationale de 1889 Rapport des experts, 4 vol. in-8.

Ministre de l'Instruction publique et des Beaux-Arts. — Mission scientifique au Mexique, 10 vol. in-fol.

Correspondance de V. Jacquemont, 2 vol. in-18.

Le Journal des Savants, 22 vol. in-4.

Mémoires de la Mission archéologique française du Caire, 19 vol. in-4.

Musées de l'Algérie et de la Tunisie, in-4.

Mission scientifique en Perse, in-4.

Bibliothèque des Écoles françaises d'Athènes et de Rome, 88 vol. in-8.

Bibliothèque de l'École des Hautes Études, 136 vol. in-8.

Revue des travaux scientifiques, 18 vol. in-8.

Bibliothèque de la faculté des lettres de Lyon, 14 vol. in-8.

7

Annuaire de la Faculté des lettres de Lyon, 10 vol. in-8.

Annales de l'Université de Lyon, 61 vol. in-8.

Musées et collections archéologiques de l'Algérie, in-8.

Musée de Cherchell, par P. Gaukler, in-fol.

Bibliothèque égyptologique, par G. Maspero, in-8.

Correspondance administrative d'Alphonse de Poitiers, par A. Mobi nier, in-4.

Les villes retrouvées, par G. Hanotaux, in-18.

L'émaillerie, par E. Molinier, in-18.

La gravure sur pierres fines, par E. Babelon, in-12.

Catalogue des bronzes antiques de la Bibliothèque nationale, pa E. Babelon et A. Blanchet, in-8.

Histoire de la Russie, in-4.

La Syrie d'aujourd'hui, par Lortet, in-4.

L'art indo-chinois, par A. de Pourville, in-4.

L'art persan, par Al. Gayet, in-8.

Le Bouddha, sa vie, sa doctrine et sa communauté, par H. Olden berg, traduction de l'allemand par A. Foucher, in-8.

L'empereur Akbard, par F.-A. de Noer, 2 vol. in-8.

Histoire de la philosophie moderne, par F. Papillon, 2 vol. in-8.

L'empire romain, par R. Peyre, in-8.

Histoire de la Vulgate, par S. Berger, in-8.

Lexique des antiquités romaines, par R. Cagnat et G. Goyan, in-8.

Le Dahomey, par E. Foà, in-8..

Une nécropole royale à Sidon, par Hamdy-Bey et Th. Reinach, in- et pl. in-fol.

Le premier siècle de l'Institut de France, 2 vol. in-4.

Histoire générale des arts appliqués à l'industrie, par E. Molinier in-fol.

Les Lapidaires de l'antiquité et du moyen âge, par P. de Mély in-4.

Salons de 1857 à 1870, par Castagnary, 2 vol. in-18.

Dictionnaire des antiquités grecques et romaines, par Ch. Darenber et Saglio, in-4.

Exploration archéologique en Asie Mineure, par P. Trémiaux in-fol.

Découvertes en Chaldée, par E. de Sarzac, in-fol.

L'île Formose, par C. Imbault-Huart, in-4.

La Turquie d'Asie, par V. Cuinet, 3 vol. in-8.

La sculpture sur pierre en Chine, par Ed. Chavannes, in-4.

Mission scientifique au Caucase, par J. de Morgan, 2 vol. in-8.

Exploration de l'Indo-Chine, par la mission Pavie, 3 vol. in-4.

Asie centrale, par Dutreuil de Rhins, in-4.

Le Japon, par E. Lamairesse, in-8.

L'Inde avant le Bouddha, par E. Lamairesse, in-18.

Le vie du Bouddha, par E. Lamairesse, in-8.

L'Inde après le Bouddha, par le même, in-18.

Archives de l'Hôtel-Dieu de Paris, par L. Brièle, in-4.

Mélanges historiques, 6 vol. in-4.

Architecture monastique, par Al. Lenoir, 2 vol. in-4.

La conférence de Loudun, par Bouchité, in-4.

Le Mystère du siège d'Orléans, par Guessard et de Certain, in-4.

Inscriptions de la France, par F. de Guilhermy, 5 vol. in-4.

Les quatre livres des Rois, par Le Rour de Lincy, in-4.

Monographie de Notre-Dame de Noyon, par L. Vittet, in-4 et atlas in-fol.

Monographie de Notre-Dame de Chartres, par P. Durand, 1 vol. in-4 et atlas in-fol.

Peinture de l'Église de Saint-Savin, par P. Mérimée, in-fol.

Statistique monumentale de Paris, par Al. Lenoir, 2 vol. in-4.

Essai sur l'Administration du Royaume de Sicile, par L. Cadier, in-8.

Origines et sources du Roman de la Rose, par E. Langlois, in-8.

Chronique d'Amadi, par René de Mas Latrie, in-4.

Recueil des historiens des Croisades, 14 vol.

Java et ses habitants, in-12.

Histoire de la littérature allemande, par G.-A. Heinrich, 2 vol. in-8.

Atlas de l'Asie Centrale, par Ujfolvy, in-8.

Un Français en Birmanie, par Mahé de la Bourdonnais, in-18.

Le Sénat romain depuis Dioclétien, par Ch. Lécrivain, in-8.

Les sarcophages chrétiens de la Gaule, par E. Le Blaut, in-fol.

Étude sur les sarcophages chrétiens antiques de la ville d'Arles, par le même, in-fol.

Dictionnaire de la langue Nahuatl, par R. Siméon, in-fol.

Grammaire de la langue Nahuatl, par R. Siméon, in-8.

Recueil des monuments inédits de l'histoire du Tiers État, pa Augustin Thierry, 4 vol. in-4.

Géographie comparée de la Province romaine d'Afrique, par Ch Tissot, 2 vol. in-4.

Atlas de la province romaine d'Afrique, par Salomon Reinach, in-fol

Cartulaire de l'abbaye de Saint-Bertin, par Guérard, in-4.

Dictionnaire archéologique de la Gaule, 1 vol. in-fol.

Le Comité des travaux historiques, par X. Charmes, 3 vol. in-4.

Le livre des Psaumes, par Francisque Michel, in-4.

Négociations de la France dans le Levant, par E. Charrière, 4 vol in-4.

Cartulaire de l'abbaye de Beaulieu, par M. Deloches, in-4.

Cartulaire de la Cathédrale de Grenoble, par Jules Marion, in-4.

Inventaire des sceaux de la collection Clairambault, par G. Demay, 2 vol. in-4.

Le procès des Templiers, par Michelet, 2 vol. in-4.

Documents historiques inédits, par Champollion-Figeac, 4 vol. in-4.

Appendice au cartulaire de Saint-Bertin, par F. Morand, in-4.

Cartulaire de Notre-Dame de Paris, par Guérard, 4 vol. in-4.

Statistique monumentale de Paris, par A. Lenoir, in-4.

Cartulaire de l'abbaye de Savigny et d'Aynay, par Aug. Bernard, 2 vol. in-4.

Histoire des persécutions de l'Église, par B. Aubé, in-12.

La polémique païenne à la fin du IIe siècle, par B. Aubé, in-12.

Mélanges de linguistique et d'anthropologie, par A. Hovelacque, in-12.

Mythologie de la Grèce antique, par P. Decharme, in-8.

Études égyptiennes, par G. Maspero, in-8.

Inscriptions romaines de l'Algérie, par L. Rénier, in-4.

Les Mastabas de l'Ancien Empire, par A. Mariette, in-8.

Mission scientifique au Mexique et dans l'Amérique centrale, 12 vol. in-fol.

Catalogue des Monuments et Inscriptions de l'Égypte antique, in-8.

La monnaie dans l'antiquité, par F. Lenormant, 3 vol. in-8.

Les Bambous, par A.-C. Rivière, in-8.

Le Christianisme et ses origines, par E. Havet, 3 vol. in-8.

Une galerie de 64 tableaux de Philoctrate, par A. Bougot, in-8.

Œuvres choisies de A.-J. Letronne, par E. Fagnau, 2 vol. in-8.

La philosophie des Grecs, par Zeller, 1 vol. in-8.

Expédition scientifique française en Russie, Sibérie et Asie Centrale, par E. de Ujfalvy, 5 vol. in-8.

Dictionnaire Khmer-français, par E. Aymonier, in-4.

Les Chrétiens dans l'empire romain, par B. Aubé, in-12.

Inscriptions chrétiennes de la Gaule antérieures au VIIIe siècle, par E. Le Blant, in-4.

Vases antiques du Louvre, par E. Pottier, 2 vol. in-8.

Dictionnaire des antiquités grecques et latines, par Daremberg et Saglio, in-4.

Monuments et mémoires publiés par l'Académie des Inscriptions et Belles-Lettres, in-4.

La restauration d'Olympia, par Lalaur de Monceaux, in-fol.

Épidaure, par M. Collignon et Pontremoli, in-fol.

Théâtre et forum de Timgad, par A. Ballu, in-fol.

L'Art byzantin en Italie, par Ch. Errard, in-fol.

Catalogue des vases peints de la Bibliothèque nationale, par A. de Ridder, in-4.

Traité des monnaies grecques et romaines, par E. Babelon, in-8.

Monuments et mémoires de la fondation Piot, par G. Perrot et de Lasteyrie, in-fol.

Recueil d'archéologie orientale par Clermont-Ganneau, 4 vol. in-8.

La villa impériale de Tibur, par P. Gusman, in-4.

Minocchi (S.). — Il congresso degli orientalisti a Parigi, br. in-8.

Mitraphanoff (P.-J.). — Kropros peripheritchesky nerviny okontchani, in-8.

Mollière (A.). — Du visible et de l'invisible, in-8.

Mollière (H.). — Recherches sur l'évaluation de la population des Gaules, in-8.

Monaco (Domenico). — Guide général du musée national de Naples, in-12.

Monier Williams (Sir Monier). — Indian Wisdom, 4e édition, in-8
The Indian institute, br. in-4.
Buddhism, in-8.
Religious thought and life in India, 1885, in-8.

Monier Williams (Lady). — A Sanskrit-Englich dictionnary. Préfac to a new édition, by sir Monier Monier Williams, in-4.

Monod (E.). — Les musées commerciaux, br. in-8.

Monteil (Ed.). — Manuel d'instruction laïque, in-12.

Montet (Ed.). — Brésil et Argentine, in-12.
Études hébraïques et araméennes, br. in-8.

Moret (Al.), maître de conférences à l'École des Hautes Études. — L titre « Horus d'or » dans le protocole pharaonique, in-8.
Le Rameau d'or. Étude sur la magie et la religion, par J.-G. Frazer in-8.
Coup d'œil sur l'Égypte primitive, br. in-8.
Quelques scènes du bouclier d'Achille et les tableaux des tombes égyp tiennes, in-8.
De Bocchori rege, in-8.

Morgan (J. de). Délégué en Perse. — Second trésor de Dachour, br in-8.

Morse (E.-S.). — Old Satsuma, in-8.
Ancient and modern methods of arrowrelease, br. in-8.
On the identity of the ascouding progress of the astrogalus in Birds br. in-8.
Notes on Hokusaï, br. 4.
Latrines of the East, br. in-12.
A curious Aino toy, br. in-8.

Mortillet (Adrien de). — L'or en France aux temps préhistoriques e protohistoriques, in-8.
Première décade paléoethnologique, br. in-8.
L'allée couverte de Dampont, br. in-8.
Le dieu accroupi de Guilly.
Figurine gauloise, br. in-8.
Les monuments mégalithiques christianisés, br. in-8.

Mortillet (G. de). — Classification et chronologie des haches de bronze, br. in-8.

Importation de la néphrite et du bronze, br. in-8.

Les potiers allobroges, br. in-8.

Formation de la nation française, in-8.

Le chronomètre du bassin de Peuhonet, br. in-8.

Motoyoski (Saïzau). — Le Bouddha et le Bouddhisme, br. in-8.

Mouline (L.-E.). — Les traditions gallo-égyptiennes, br. in-12.

Moussy (Ch.). — Histoire universelle des peuples. La famille, in-8.

Encyclopédie universelle d'éducation, in-12.

Moy (L.). — Les adorateurs du soleil, juifs et chrétiens, br. in-8.

Müller (D.-H.). — Die südarabische Expedition der K. akad in wien, br. in-8.

Müller (F. Max), professeur à l'Université d'Oxford. — The Sukhâvatī-vyuha-sūtra, br. in-4.

Anecdota Oxoniensa. Pragna pāramitā and Ushnisha-Vijaya, in-4.

Rig Véda Samhitā, the sacred hymns of the Brāhmans, together with the commentary of Sayanākārga, 4 vol. in-4.

Mulsebus. — Notice sur les inscriptions des pierres funéraires romaines du musée d'Utrecht, br. in-8.

Notice sur les terres cuites sigillatæ du musée d'Utrecht, br. in-8.

Muteau (A). — Une société secrète en Indo-Chine, in-18.

Myrial (Mme A.). — Les Mantras aux Indes, br. in-8.

L'Orient ignoré, br. in-8.

Nadar. — Album de gravures à l'eau forte par Okada-Shunto-saï, 1855, in-18.

Nagour (P.). — A la gloire d'Isis, br. in-12.

Nau (L'abbé F.). — Histoire de Sainte-Marine, in-8.

Vie de Jean Bar-Aphtonia. Texte syriaque publié et traduit, br. in-8.

Les récits inédits du moine Anastase. Contributions à l'histoire du Sinaï au commencement du VIIe siècle, br. in-8.

Le texte grec des récits du moine Anastase sur les saints Pères du Sinaï, br. in-8.

Le livre de l'ascension de l'esprit, 1re partie, in-8.

Formation et extinction du clapotis, br. in-8.

Le traité sur l'astrolabe, plan de Sévère Sabokt, br. in-8.

Les fils de Jonabab, fils de Richab, et les îles Fortunées, br. in-8.

Le livre des lois des pays de Bardesane l'astrologue, br. in-8.

Les plérophories de Jean, évêque de Maiouma, br. in-8.

Recherches des trajectoires dans le mouvement régi par le potentiel des vitesses, br. in-8.

Naville (Édouard). — Le temple de Déir-el-Bahari, br. in-8.

La pierre de Palerme, br. in-8.

The store-city of Pithom and the route of the Exodus, br. in-4.

Inscription historique de Pinodjam III, br. in-4.

Das aegyptische Todtenbuch, 2 vol. in-folio.

Das Aegyptische Todtenbuch der XVIII bis XX Dynastie, in-4.

The Route of the Exodus, br. in-8.

Nepveu (E.). — Le Dharma, par Paul Carus, in-8.

Neveu-Lemaire. — Notes de tératologie japonaise, in-8.

Nicaise (Auguste). — L'archéologie devant l'histoire et l'art, br. in-8.

Epernay et l'abbaye de Saint-Martin, 2 vol. in-8.

Le cimetière des Varennes près Dormans, br. in-8.

L'époque du bronze dans le département de la Marne, br. in-8.

La sépulture de Champigny (Aube), br. in-8.

La grotte-dolmen de la Garenne-Verneuil, br. in-8.

Découvertes faites à Saint-Mummie et à Châlons-sur-Marne, br. in-8.

Nicole (Paul). — Essai de genèse chrétienne, br. in-8.

Éloge de Gabriel de Mortillet, in-8.

Nicolle (L.). — La Vierge au sein, in-8.

Nizet (F.). — Notices bibliographiques sur les habitations ouvrières et le grisou, in-8.

Notice sur les catalogues de bibliothèques publiques, in-8.

Projet d'un catalogue idéologique, br. in-8.

Normand (Ch.). — Le Parthénon inconnu et l'Acropole archaïque avant sa destruction par les Perses, br. in-8.

Itinéraire-guide à Paris, br. in-8.

Oberziner (L.). — Il culto del sole presso gli antichi orientali, in-8.

Ollcott (Le colonel H.-S.). — Le Bouddhisme selon le canon de l'église du Sud, in-12.

Rules of the Theosophical Society, br. in-8.

Statuts de la société théosophique d'Orient et d'Occident, br. in-12.

Omont (H.), membre de l'Institut. — Notices sur quelques manuscrits grecs de la bibliothèque nationale, br. in-8.

Oppert (G.). — Ueber die Entstehung der Aera Dionysiana und den Urspring der Null, br. in-8.

Orléans (Le prince Henri d'). — Le père Huc et ses critiques, br. in-12.

Du Tonkin aux Indes, 1895-96, in-4.

Osterwald. — La Bible, in-folio.

Pallias (H.). — Les Dauphinois, br. in-8.

Pander (Eug.). — Das Lamaische Pantheon, br. in-8.

Panjab (Gouvernement du). — Detailed report of an archaeological tour with the Bunar field foru, by M. A. Stein, in-8.

Parry (F.). — Sacred Maya stone of Mexico and its symbolisme, br. in-folio.

Statue en terre cuite provenant de la vallée de Mexico, par le marquis de Nadaillac, in-8.

Patricio (F.-J.). — Elogio funebre de El Rei D. Luiz I, br. in-8.

Archeologia religiosa, in-12.

Pavly (J. de). — Idéalisme et naturalisme ou l'illogisme de la philosophie moderne, br. in-8.

Theologumenon ou guide des mariés, br. in-8.

Le faux pape ou les effrontés fin de siècle, br. in-8.

Pays-Bas (Ministre des Colonies des). — Description du temple de Borô-Boudour dans l'île de Java, 8 vol. in-fol et 1 vol. in-8.

Japanese-English Dictionary, by J.-J. Hoffmann, in-8.

Peisson (Z.). — Le Musée Guimet et l'enseignement officiel des religions, br. in-8.

Penafiel (A.). — Nombres geograficos de Mexico, in-4.

Pereira (F.-M.-E.). — Vita de Abba Samuel do Meisteiro do Kalaman Versão Ethiopica, in-8.

Perelli (Gaetano). — Le Religioni del mondo, in-18.

Perrot (G.), membre de l'Institut. — Le triomphe d'Hercule. Caricature grecque d'après un vase de la Cyrénaïque, br. in-4.

Trois figurines sardes du cabinet des médailles de Paris, br. in-4.

De l'art égyptien et de l'art assyrien, br. in-8.

Le temple égyptien, br. in-8.

Sceaux hittites en terre cuite, br. in-8.

Sarcophages anthropoïdes du musée de Clermont, br. in-8.

Rapport sur les fouilles de Martres, br. in-8.

Les rapports de la Perse et de la Grèce, br. in-8.

Histoire de l'Art dans l'antiquité, par G. Perrot et C. Chipiez, in-8

Pétin (Auguste). — La question de la Banque de France, br. in-8.

Petitot (E.). — Quinze ans sous le cercle polaire, in-8.

Traditions indiennes du Canada Nord-Ouest, in-8.

La femme aux métaux. Légende des Déné couteaux jaunes, br. in-8

L'accord des mythologies, in-12.

La Sépulture dolménique de Mareuil, in-18.

Pétreau (J.). — Chansons et poésies, in-18.

Petrie (W.-M. Flinders). — Tanis, in-4.

Philipps (H.). — On a supposed runic inscription at Yarmouth, br in-8.

A. brief account of the more important public-collections of American archæology, br. in-8.

Piérart (Z.-J.). — Les batailles de la Marne, in-8.

Pierret (Paul), conservateur au Musée du Louvre. — Le culte de Nei à Saïs, par D. Mallet, in-8.

Piette (E.). — L'époque Éburnéenne, br. in-8.

Pimodan (Capitaine de). — Souvenirs de Formose et des îles Pescadores, br. in-fol.

Souvenirs de Yézo. Album de photographies (37).

Pirmez (O.). — Jours de solitude, in-18.

Pleyte (C.-M.). — Bijdrage tot de kennis van hat Mahāyāna of Java, br. in-8.

Pleyte (W.). — Oracle of Amon, br. in-8.

Plicque (A.-E.). — Un talisman gallo-romain, in-8.

Portevin (L.). — La religion des Jésuites, br. in-8.

Pratt (Orson). — Series of pamphlets, in-8.

Préau (Ch.). — Sceau inédit de l'église paroissiale de Saint-Pierre de Dreux, br. in-8.

Méreaux du chapitre de Saint-Quiriau à Provins, br. in-8.

Jetons inédits de Jean de Saulx, vicomte maieur de Dijon en 1426, 1430, 1431, 1432, br. in-8.

Méreaux inédits de l'église paroissiale et collégiale de Notre-Dame de Poissy, br. in-8.

Crepognot. La Céramique chinoise au Musée Guimet, br. in-8.

Ptitzyne. — La Daourie du bassin du Sélanga, in-8.

Puitspelu (N. du). — Dictionnaire étymologique du patois lyonnais, in-8.

Quatrefages (A. de). — Monuments et constructions préhistoriques, in-8.

Quirielle (R. de) et **Bertrand.** — Découverte d'une officine de potiers gallo-romains, br. in-8.

Découverte d'une officine de potiers gallo-romains à Lubié, in-8.

Rabut (L.). — Anneaux disques de la ferme des Combes, in-8.

Raverat (Le baron). — De Lyon à Vaugneray, in-18.

Catalogue de tableaux anciens et modernes, in-4.

Quelques mots sur les fouilles de Trion, br. in-18.

Autour de Lyon, in-8.

Lugdunum, br. in-8.

Encore Lugdunum, br. in-8.

Ravisi (Baron Textor de). — L'architecture dans l'Hindoustan, br. in-8.

Konaïga Yo. Album de peinture, br. in-8.

Vestiges égyptiens en France, br. in-8.

Notice nécrologique sur François Chabas, br. in-8.

Raynaud (G.). — La Polyandrie, br. in-8.

Reclus (Élie). — Recherches sur les phénomènes du spiritualisme, p W. Crookes, in-18.

La formation des Religions, br. in-8.

L'innommable multitude, br. in-8.

Apparitions nocturnes. La chasse infernale, br. in-8.

L'âme comme ombre, souffle et reflet, br. in-8.

Les rêves et le songe prophétique, br. in-8.

Les Ordalies, br. in-8.

The Brahmo-Somaj, par S.-D. Collet, br. in-8.

Seamen's hymns, in-18.

Des Réveils, br. in-32.

Apostolat positiviste de Paris, par J. Lagarrigue, br. in-8.

Rev. C. H. Spurgeon's Anecdoctes and Stories par O Creyton, in-1

The American Sunday School, in-18.

La Préparation de la Pâque chrétienne, br. in-12.

Facultates, Indulgencias y Gracias, 1 feuillet.

Religions communism, par F.-W. Evans, br. in-18.

Evidences, doctrines and duties of the Christian religion, par O. Gr gory, in-18.

Indulto apostolico para el uso de Carne, 1892, 1 feuillet.

La Science des Religions, par E. Burnouf, br. in-8.

The missing link, in-18.

Pourquoi la messe est-elle rejetée par les Protestants ? br. in-12.

The Holy Bible, in-24.

Grapes of Eschol, in-18.

An exposition of the Tabernacle, par H.-W. Soltau, in-12.

Alfred Saker, par E. B. Underkill, in-12.

A selection of psalms and hymns, par B.-W. Noel, in-12.

Hymn-book, in-32.

Pèlerinage d'un curieux au monastère bouddhique de Pem-mian-t par J. Remy, br. in-8.

Le Bouddhisme dans l'Extrême-Orient par L. de Rosny, br. in-4.

Le Bouddhisme, son fondateur et ses écritures, par F. Nève, b in-8.

Le Bouddhisme et l'Apologétique chrétienne par A. Deschamps, br. in-8.

Zur Buddhistischen Psychologie, par A. Bastian, br. in-8.

Les Origines du Bouddhisme, par A. Deschamps, br. in-8.

Le Bouddhisme à l'exposition, par L. Feer, br. in-4.

A cyclopaedia of Biblical literature, par J. Kitto, 3 vol. in-8.

La Religion du progrès, par L. Cortambert, in-12.

La Biblia, par C. de Valera, in-8.

Du Molochisme juif, par G. Tridon, in-8.

Historia de las Religions, par A. Peyret, in-8.

Œuvres posthumes de Bordas-Demoulin, par F. Huet, 2 vol. in-8.

Le Réveil américain ou Puissance de la Prière, par S.-J. Prime, in-8.

L'homme et la nature, par Doherty, in-8.

Gesangbuch für die Evangelische Kirche, in-18.

Chants chrétiens, in-32.

Le Cartésianisme, par Bordas-Demoulin, 3 vol. in-8.

La Sujétion temporelle des Papes, par F. Huet, br. in-8.

The Pilgrim and Shrine, in-12.

The Book of common prayers, in-32.

Biblia hebraica, par A Hahnii, in-18.

Die Lamaïsche Kirche, par C.-K. Kœppen, in-8.

Variations et contradictions de l'église romaine, par Ponnat, 2 vol. in-18.

Nouvelle année Eucharistique, in-32.

Le Faux et le Vrai positivisme, par J. Lagarrigue, br. in-12.

Psalmodie de l'École des frères, in-12.

Grace and Truth, in-18.

Het Nieuwe Testament, in-18.

The New Testament, in-18.

Recollections and impressions, par O.-B. Frothingham, in-12.

The Parable of the prodigal son, par C.-D. Maitland, in-18.

The Whole Works of John Buttler, in-12.

Sammlung von Kirchenliedern, in-18.

Chants de Sion, par C. Malan, in-18.

Breviarium monasticum, in-18.

Éléments de philosophie, par F. Huet, in-8.

Essais sur la réforme catholique, par Bordas-Demoulin et F. Hu in-18.

Le coup de grâce au papisme, par F. Fuchs, in-18.

The Holy Bible, in-8.

Le règne social du christianisme, par F. Huet, in-8.

La sacra Biblia, par G. Diodati, in-18.

La Science de l'Esprit, par F. Huet, in-8.

Les Apôtres, par E. Ferrière, in-18.

Reason and Religion, par J. Rupp, in-18.

La Vie et les Ouvrages de Bordas-Demoulin, par F. Huet, in-18.

Œuvres de Massillon, 4 vol. in-8.

Choix de cantiques à l'usage des assemblées chrétiennes, in-18.

La révolution philosophique au XIXe siècle, par F. Huet, in-18.

Christologie, par A. Coquerel, in-18.

Christ in the Tabernacle, par F.-H. White, in-18.

Liturgy and hymns, in-18.

Les Religions du monde, par Al. Ross, in-4.

Régamey (Félix). — L'enseignement du dessin aux États-Unis, br. in-8

Le cahier rose de Mlle Chrysanthème, br. in-8.

Le Talmud, par E. Deutsch, petit in-4.

Regnaud (Paul), professeur à l'Université de Lyon. — Les premièr formes de la religion et de la tradition dans l'Inde et la Grèc in-8.

Les facteurs des formes du langage dans les langues indo-européenne br. in-8.

Regnault (Dr Félix). — La grotte de Massat à l'époque du renne, b in-8.

Grotte de Gargas, br. in-8.

Un repaire d'hyènes dans la grotte de Gargas, br. in-8.

L'abri de la Tourasse à Saint-Martory, br. in-8.

Les dolmens des Béni-Missous, br. in-8.

Grotte du Mas d'Azil, br. in-8.

Les glaciers des Pyrénées, br. in-8.

La Vénus accroupie dans l'art grec, br. in-8.

Attitudes de repos dans l'art sino-japonais, br. in-8.

Catalogue and Handbook of the archaeological collections in the Indian Museum, by J. Anderson, 2 vol. in-8.

Les Béguins, br. in-8.

Reinach (Salomon), membre de l'Institut. — Buste en bronze découvert à Emporiac, br. in-8.

Revel (Jean). — Chez nos ancêtres, in-12.

Réville (A.), professeur au Collège de France. — La religion chinoise, in-8.

Jésus de Nazareth, 2 volumes in-8.

Réville (Jean), directeur des études à l'école des Hautes Études. — La religion à Rome sous les Sévères, in-8.

Le quatrième évangile, son origine et sa valeur historique, in-8.

Rhoné (A.). — Résumé chronologique de l'histoire d'Égypte, in-8.

Coup d'œil sur l'état du Caire, br. in-8.

Auguste Mariette, br. in-8.

Ricci (Seymour de). — Dix ans de voyages dans la Chine et l'Indo-Chine, par J. Thomson, in-8.

Problems of the Far-East, by G. N. Curzon, in-8.

To the snows of Tibet throungh China, by A.-E. Pratt, in-8.

A Cycle of Cathay, by W.-A.-P. Martin, in-8.

L'empire chinois, par Hue, 2 vol. in-8.

Japan, the Amoor, and the Pacific, by H.-A. Tilly, in-8.

Ricerche sul templodi Serapide in Pozzuoli, de A. de Josio, in-4.

Niphon and Pa-ché-li, by E.-B. de Fonblanque, in-8.

Japan and the Pacific, and a Japones, ven of the castran question, by M. Inagaki, in-8.

Buddhisme and Christionity, by A. Scott, in-8.

Le milliaire le plus méridional du monde, br. in-8.

Richter. — Collection de Portraits antiques de l'époque grecque en Égypte, in-4.

Rieu (G.-N. du). — Levini Warnerini de rebus Turcicis, in-8.

Rigollot (G.). — Les noms de famille de Vendôme au XVIe siècle, in-8.

Risley (H.-H.). — The Tribes and Castres of Bengal, tomes I et II, in-8

Robert (A.). — Henchir Sidi-Yahia, br. in-8.

Les ruines romaines de la commune mixte de Sedrata, br. in-8.

L'Arabe tel qu'il est, br. in-8.

Robertson (J.-M.). — Christ and Krishna, in-12.

Roca. — Nouvelle solution de la question sociale, in-8.

Rochemonteix (M. de). — Quelques contes nubiens, in-8.

Rohart (L'Abbé). — Cornettes et turbans, br. in-8.

Voyage au pays des momies, br. in-8.

Romain (G.). — L'Église est-elle contraire à la liberté? in-8.

Rondet (Le Dr H.). — Épidémie de fièvre typhoïde, br. in-8.

Ronzevalle (Le P. S.). — Notes d'épigraphie palmyrénienne, br. in-8

Rosemont (A. de Chambrun de). — Essai d'un commentaire scientifique de la Genèse, in-8.

Rossi (F.). — Illustrazione di una Cassetta funeraria del Museo egizio di Torino, br. in-8.

Illustrazione di una papyro funerario del Museo egizio di Torino, br in-8.

Illustrazione di una bronzo del Museo egizio di Torino, br. in-8.

Rossignol et **Bertrand.** — Bractéoles votives, br. in-8.

Rouart (A.). — Album de dessins japonais, in-8.

Album de dessins japonais, in-4.

Roullet (G.). — Impressions de voyage d'un artiste en Annam et au Tonkin, in-8.

Impressions de voyage en Annam et au Tonkin, br. in-8.

Rousselet (A.). — Notes sur l'ancien Hôtel-Dieu de Paris, br. in-8.

Roy (J.). — Le Kahlenberg. Notes de voyage et d'histoire, in-8.

Royer (Clémence). — Nouvelle théorie atomique, br. in-8.

Les notions de force, de matières et d'esprit, br. in-8.

Rubens (C.). — Catalogue des divinités et des talismans, br. in-8.

L'Évolution religieuse au Congo, br. in-8.

Rubens-Duval. — Album chinois. Les 28 génies des constellations chinoises, avec notice de Klaproth, in-fol.

Album de 84 dessins. Personnages religieux. in-fol.

Jugements et supplices de l'Enfer chinois, 2 fol.

Album de 20 miniatures chinoises, in-4.

Rylands (W.-H.). — Bibliographical record of the late sir P. Lepage Renouf, br. in-8.

Saint-Arroman (R. de). — Missions scientifiques et littéraires, br. in-8.

Saint-Patrice. — Le catéchisme bouddhique, par H.-S. Alcott, in-18.

Plagiats bibliques, in-18.

Salles (A.). — Au Tonkin et en Annam, br. in-8.

Sarlin (E.). — Pailles et poutres, in-32.

Sarmento (F.-M.). — Os Argonautos, in-8.

Sathas (C.). — Vie des saints allemands de l'île de Chypre, in-8.

Saurin (J.). — Manuel de l'Émigrant en Tunisie, br. in-8.

Saussure (H. de). — Antiquités mexicaines. Le manuscrit de Cacique, in-8.

Savarayalounaiker (Z.). — Carré divinatoire, br. in-8.

Perinba malei, br. in-8.

Perinba sandatty, br. in-8.

Perinba Sadagam, br. in-8.

Savignoni (L.). — Di due teste scoperte nelle terme Antoniane, br. in-8.

Schaafhausen. — Le préhistorique, br. in-4.

Ueber den römischen Isis Dieust am rheim, in-8.

Scherzer. — Tsao-sien-tché. Mémoire sur la Corée, in-8.

Schiaparelli (E.). — Il significato simbolico delle pyramidi egiziane, in-8.

Schlagintweit (Émile). — Die Lebensbeschreibung von Padma Sambhava, in-4.

Die Berecgnung der Lehre, br. in-4.

Schlégel (G.), professeur à l'Université de Leyde. — Les inscriptions chinoises de Buddha-Gāyā, br. in-8.

Problèmes géographiques. Les peuples étrangers chez les historiens cl nois, br. in-8.

Desultory notes ou Japanise lexicography, br. in-8.

Un labyrinthe chinois, br. in-8.

Notes pour servir au classement des monnaies de l'Annam, br. in-

Catalogue des livres chinois de l'Université de Leyde, br. in-8.

Supplément au catalogue des livres chinois de la Bibliothèque (Leide, in-4.

Problèmes géographiques, br. in-8.

Fou-Sang-Kouo, in-8.

Schmeltz (J.-D.-E.), conservateur du musée d'ethnographie de Leyde

Ethnographische Musea ni Midden Europa, br. in-4.

Bronze pauken in Indiechen Archipel, br. in-4.

Schoebel (Ch.). — Le bandeau sacerdotal de Batna, br. in-8.

Schwab (M.). — Vocabulaire de l'Angelologie, br. in-4.

Sébillot (Paul). — Les femmes et les traditions populaires, br. in-8.

Senathi Râja (E.-S.-W.). — The presanskrit elements in ancier Tamit literature, br. in-8.

Serrurier (L.). — Japansche Etiquette, in-8.

Korte gids von het ethnographisch museum, br. in-12.

Catalogue de la section ethnographique de l'exposition d'Amsterdan in-8.

Scènes tirées du Wayang Pourwa, in-8.

Verslag omtrent het Rijks ethnographische museum te Leiden, br in-8.

Ethnologische Feiten in Oceanie, br. in-8.

Bibliothèque japonaise, in-8.

De Pionier, in-18.

Catalogue des livres japonais de M. A.-J.-C. Gaertz, in-18.

Prof. Schlegel's zoogenaamde kritiek van het Japansch-nederlandsc Woordenbock, br. in-8.

Sicard (H.). — Coup d'œil historique sur la marche de la zoologie, br in-8.

Sidler (G.). — Catalogue officiel du musée Ariana à Genève, in-18.

Silbernage (J). — Der Buddhismus, in-8.

Silvestre (J.). — Notes pour servir à la recherche et au classement des monnaies et médailles de l'Annam et de la Cochinchine française, br. in-8.

Söderblom (Nathan). — Tiele's kompendium der Religions-Geschichte in-18.

Sogliano (A.). — Di un luego dei libri Sibillini relativo aux catastrofe della Cite Campana, br. in-8.

Michele Rugiero e gli scavi Pompei, br. in-8.

Soldi-Colbert de Beaulieu (E.). — La langue sacrée. La cosmographie. Le mystère de la création, 3 vol. in-8.

Sommerville (Maxwell). — The triumph of Constantine, br. in-8.

Siam. On the Meinam from the gulf to Aguthia, in-8.

The antique cameo Jupiter aegiochus, br. in-8.

The triumph of Constantine, br. in-8.

Sorg (L.), président du tribunal de Pondichéry. —Introduction à l'histoire du droit hindou, br. in-8.

Soulary (J.). — Physionomie lyonnaise, br. in-8.

Speyer (J.-S.). — Kritische Nachlese zu Açvaghosa Buddhacarita, br. in-8.

Spiegelberg (W.). — Ein neues Denkmal aus der Frühzeit der ägyptischen Kûnst, br. in-4.

Stein (M. Auret). — Zoroastrian deities, in-4.

Sterzae (A.). — Maria Virgo in monte Calvariae, br. in-8.

Stolpe (Hjalmar). — Nagra ord om de ethnografiska museerna i Europa, in-32.

Ornamentik der Naturvölker, br. in-4.

Straszewski (M. von). — Ueber die Bedentung der Forshungen auf dem Gabiate der orientalischen Philosophie, br. in-8.

Powstanie i rozwoj Pessimizmu u Indyach, br. in-4.

Strzygowski (J.). — Hellenistische und Koptiache Kunst in Alexandria, br. in-8.

Sujita. — Yeiga Monogatari, 6 vol. in-8.

Va boun kyo koua sho Jurazoure goussa. Contes japonais, 10 vol. in-8.

Nihon tsoukouan. Histoire abrégée du Japon, 5 vol. in-8.

Karin zatsou mokou sho. Poésies nationales japonaises, 7 vol. in-8

Setsoudo Brounwa. Contes japonais, 3 vol. in-8.

Sundberg (G.). — La Suède, son peuple et son industrie, I et I in-8.

Talleyrand Périgord (de). — Au pays du silence, in-8.

Tcheng-Keng, attaché au Musée Guimet. — Ou Teng Houi yang, : vol. in-8.

Tcheng-ki-tong (Le général). — Contes chinois, in-12.

Le roman de l'homme jaune, in-12.

Les insectes utiles de la Chine, br. in-8.

Temple (R.-C.). — The legends of the Panjāb ; in-8.

Tenicheff (W.). — L'activité de l'homme, in-8.

Terrier. — Discours de distribution des prix du lycée Condorcet, b in-8.

Testa (B^on^ de). — Traités de la Porte Ottomane, in-8.

Théry (E.). — Les réformes économiques nécessaires, in-8.

Thiaudière (Ed.). — La Haine du vice, in-32.

Thieullen (A.). — Le Préchelléen en Belgique, br. in-8.

Le Mammouth et le Renne à Paris, br. in-8.

Silex anti-classiques présentés à la Société normande, br. in-8.

Les véritables instruments usuels de l'âge de la pierre, in-4.

Toki (Horéou). — Vue des temples d'Itchiyamadji ā Gōsiu y estam japonaise.

Tomii (M.-A.). Membre de la Chambre Haute du Japon. — Des droi du vendeur non payé, in-8.

Coup d'œil sur les transformations politiques du Japon depuis l'en pereur Zin-mou, br. in-8.

État de la Codification au Japon, br. in-8.

Le Code civil de l'empire du Japon, par J. Motons et M. Tomi in-8.

Topinard (Dr E.). — La société, l'école, le laboratoire et le mus Brocca, br. in-8.

Science et foi. L'anthropologie et la science sociale, in-8.

Toulouse (E.). — Fouilles dans le vieux Paris, in-8.

Tourreil (L.-J.-B. de). — Religion fusionienne, ou Doctrine de l'universalisation réalisant le vrai catholicisme, in-8.

Trawinski (F.) et **Galbrun** (Ch.). — Guide populaire du Musée du Louvre, in-18.

Trémoïlle (Duc de La). Membre de l'Institut. — Notice sur la vie et les travaux de Joachim Menant, br. in-4.

Uchtomsky (Prince Espère). — Mythologie des Buddhismus in Tibet und der Mongolie, von Albert Grünwidal, in-4.

Valentin (P.). — Les religions orientales considérées dans leurs rapports avec l'hygiène, br. in-8.

Vallier (G.). — Inscriptions campanaires du département de l'Isère, in-8.

Valson (A.). — Du sentiment de l'idéal et de la poésie dans la science et chez les savants, br. in-8.

Vandal (A.). Membre de l'Institut.

Le Pacha Bonneval, in-8.

Varat (Ch.). — Voyage en Corée, in-8.

Histoire de la sonnette d'or, in-8.

Histoire des huit dangers du voyage méridional, in-8.

Histoire de Tjyek Syeng Eui, in-8.

Tjik syeng haing nyen hpyen nan, in-8.

Histoire de Syo taï Syeng, in-8.

Histoire de Yang Hpoung Oun, in-8.

Histoire de Tjang Hpoung Oun, in-8.

Histoire de la Dame Syouk Yang, in-8.

Histoire de Sein Tchyang, in-8.

Histoire de Tyo Oung, in-8.

Histoire de Tyang Kyeng, in-8.

Vasconcellos Abreu. — Investigaçoes en Samstritologia, in-4.

Vasseur. — Mélanges sur la Chine, in-4.

Verneilh (B^{on} de). — La vierge ouvrante de Boubon, br. in-8.

Vernes (M.), professeur à l'école des Hautes Études. — De la pl faite aux légendes locales par les livres historiques de la bil br. in-8.

Vertus (A. de). — Les temps sacrés des Celtes, br. in-8.

Villemereuil (A.-B. de). — Exploration et mission de Doudart Lagrée, in-4.

Manuscrit de Doudart de Lagrée offert à la ville de Grenoble, in-8.

Les voyages des Européens des côtes de l'Annam à la vallée Mékong, br. in-8.

Le Mékong et Doudart de Lagrée, br. in-8.

Villenoisy (F. de). — La guerre sino-japonaise et ses conséquen pour l'Europe, in-8.

Vingtrinier (A.), bibliothécaire de la ville de Lyon. — Soliman Pac in-8.

Les incurables de la ville de Lyon, br. in-8.

A l'école. Les bancs, les tables, la santé, l'éducation, br. in-18.

Lettre au sujet de deux inscriptions lyonnaises, br. in-8.

Le général Maupetit, br. in-8.

Les truites de la Bourne, br. in-8.

La fée de l'Albarine et les fontaines sacrées du Bugey, br. in-8.

Maioli et sa famille, br. in-8.

Claudius Chervin aîné, br. in-8.

Virey (Ph.). — La tombe des vignes à Thèbes, br. in-8.

Vissière (A.), consul de France. — Traité des caractères chinois c l'on évite par respect, in-8.

L'odyssée d'un prince chinois, in-8.

Pékin. Le palais et la cour, in-8.

Quelques pensées d'un homme d'état chinois, in-8.

Rudiments de la langue chinoise. Prononciation, écriture, gra maire, syntaxe, in-18.

Vivien (Dr G.). — Plantes et arbres religieux du Japon, br. in-18.

Volkow (Th.). — Le traîneau dans les rites funéraires de l'Ukraine, in-8.

Découvertes préhistoriques de Kiev, br. in-8.

Wallem (F.-B.). — Bomaerker fra Sogn, br. in-8.

En Inlodning til Studiat afde norviske bomaerker, br. in-8.

Weber (Alb.), de l'Académie royale des sciences de Berlin. — Ueber die Samyaktvakaumudi, br. in-8.

Die Griechen in Indien, br. in-4.

Sacred literature of the Jains, in-4.

Ueber den Vajapeya, br. in-4.

Ueber die heiligen Schriften der Jaina, in-8.

Ueber eine magische Gebets formel aus Tibet, br. in-8.

Uttamacaritrakatānakam, br. in-8.

Ein indischer Zauberspruch, br. in-4.

Ueber die Königsweihe den Rājasūya, br. in-4.

Ueber alt-irânische Sternnahmen, br. in-8.

Ahalyā, Αχιλλευς und Verwandtes, br. in-8.

Ueber den zweiten grammatischen Pārasīprakāça des Krishnadâsa, br. in-8.

Episches im vedischen Ritual, br. in-4.

Vedische Beiträge aus alter zeit, br. in-8.

Quousque Tandem, in-8.

Weber (A.). — Idylles villageoises de l'Inde, in-8.

Weber (H.-J.). — Flora of Nebraska, in-8.

Wecklein. — Ueber die Stoffe une die Wirkung der griechischen Tragödie. br. in-4.

Wells-Williams (F.). – The life and letters of Samuel Wells-Williams, in-8.

Wheeler (J.-M.). — Buddhism, Essenism and Christianity, in-8.

Footsteps of the past, in-12.

Gnosticisme and early Christianity, br. in-8.

The Christian doctrine of Hell, in-12.

Whitehouse (Cope). — The Bahr Jusaf and the prophecy of Jacob, in-8.

Whitney. — Max Müller and the Science of Language. A criticism, in-8.

Wiedemann (A.), professeur à l'Université de Bonn. — Le roi dans l'ancienne Égypte, br. in-8.

Eine Besitzergreifung im 17 Jahrhundert, br. in-8.

Kunstdenkmaler der Rheinprovinz, br. in-8.

Statuetten mit Inschriften, br. in-8.

On Some egyptian inscriptions in the musée Guimet, br. in-8.

On the legends concerning the youth of Moses, br. in-8.

Texts of the collection of M. Lee, br. in-8.

Aegyptologische Studien, br. in-8.

Le culte des animaux en Égypte, br. in-8.

Die Unsterblichkeit der Seele nach altägyptische Lehre, br. in-4.

Le livre des morts, br. in-8.

L'Éthiopie au temps de Tibère, br. in-8.

Nebuchadnezar und Aegypten. — Die Phönix Sage, br. in-8.

Menschen vergötterung in alten Agypten, br. in-8.

Zwei ägyptische Statuen des Museums zu Leiden, br. in-8.

Observations on the Nagadah period, br. in-8.

Observations sur quelques stèles funéraires, br. in-8.

Index der Goetter und Daemonen namen, in-8.

Ueber den Name Psammetik (manuscrit).

Mit inschriften versehnen Scarabee (manuscrit).

Zwei Sargfragmente aus Theben, manuscrit.

Sarginschrift, aus Achmin, manuscrit.

Aegyptische Alterthümer, manuscrit.

Aegyptischen Inschriften des Louvre, manuscrit.

Kleine Inschriften aus dem Museum zu Karlsruhe, manuscrit.

Die Usebti, manuscrit.

Wilhelm (E.). — Perser, br. in-8.

Wilmotte. — Enseignement sur la philologie romaine, br. in-8.

Wilson (Th.) La haute antiquité de l'homme dans l'Amérique du Nord, in-8.

Classification des pointes de flèches, des pointes de lames et des couteaux en pierre, in-8.

Wolters. — Le régime des eaux dans l'antiquité, in-8.

Worstermann (A.-A.). — Dictionnaire nobiliaire, in-8.

Ymaizoumi (Y). — Bon-mon A-mi da Kiò-gui-shakous, 5 vol. in-8.

Quiyô. Hon-gô-son-dji-mon. Mille mots sanscrits, in-8.

Rü-gueu. Bon-gô-sateou-miô, in-8.

Kang-hi tsou-tien. Grand dictionnaire de l'empereur Khang-hi, 41 vol. in-4.

Tching-tchi-tong. Dictionnaire des formes originales des caractères chinois, 40 vol. in-8.

Kô-bô Daï-si. Sangò-djeu djô-gui. Doctrine Sïn-gon, in-8.

Sin-Kokiou-Vako-Chien. Collection de poésies, 4 vol. in-8.

Taô-tchin. Tchié-tsou-yaò-lan, 3 vol. in-8.

Kô-rieu. Des termes bouddhiques traduits du sanscrit en chinois, in-8.

Tsou-rou-miné-Siguénobou Zin-daï mou-zi-kô, in-8.

Tsou-Kouan. Siddau-tsou-ky, 3 vol. in-8.

Collection des chansons des poètes de Tôkiò, 2 vol. in-8.

Hatano-djüitchi-rò. Nippon-sigakou-hien mon. Éléments du japonais, 2 vol. in-8.

In-gou, Siddam-djüchas'siô-han-non. Prononciation sanscrite, in-8.

Gakou-sien-kieu. Béakko-hatten djô, in-8.

Kô-bô Daï-si. K'en-mitrou-ni-kiô-ron, 2 vol. in-8.

Shô-toun-ten. Petite grammaire sanscrite, 3 vol. in-8.

Siddan-zi-ki-kò-gni, in-8.

Siddan-kou-kétsou. Éléments de la langue sanscrite, in-8.

Kouan-Kaï. Hizô-sin-yô. Esprit de la religion mystique Sïn-gon, 2 vol. in-8.

Takabayassi-sohô. Sina-sissan. Histoire de la Chine, 3 vol. in-8.

Tsou-pang. We-tso-tao-ky. Histoire de Bouddha, 21 vol. in-8.

Arai Hasseki. Dictionnaire étymologique de la langue japonaise, 15 vol. in-8.

Ouvatsou-bouni. Histoire ancienne en caractères des Dieux, 3 vol. in-8.

Héouon-koun. Sin-king yao-tsou, 10 vol. in-8.

Manuscrit japonais du XIVe siècle, ayant appartenu à l'empereur Gô-dai-gò Tennò, in-8.

Yoshida. — Kôshiou-zen-cho, in-8.

Yetsou-bi-sô-dò-shi-ki, 10 vol. in-8.

Kin-séi-méi-gua-chô-gua-dan, 6 vol. in-8.

Yéhon adyuma assabi, 3 vol. in-8.

Kôtchô-haka-boun-chô, par Takeno-outchi-Téi, 8 vol. in-32.

Katsou-shika Hakou-Saï den, 2 vol. in-8.

In-chô-taï-séi, 2 vol. in-18.

Nippon Kai-ka-chô-séi, 6 vol. in-8.

Gou-shô-shin-shi, 10 vol. in-8.

Nippon boun-méi-shi-riakou, 5 vol. in-8.

Zokokou shiriakou, 13 vol. in-8.

Kin-séi shiriakou, 9 vol. in-8.

Kokou-shi-san-yô, 13 vol. in-8.

Lang-wéi-péih-chou, 8 vol. in-18.

Zach (E. von). — Enige Wörte zu Prof. G. Schlegel. « La loi du parallélisme en style chinois », in-8.

Zilva. — Colombo Muséum, br. in-folio.

Zmigrodzki (M. von). — Przeglad archeologji do Historji Piervotr religji, in-8.

Geschichte der Baukünst der Araber und der Bauweise der Maur in Spanien, in-8.

Zogheb (A.-M. de). — L'Égypte ancienne, in-8.

L'Église d'Alexandrie, br. in-8.

Le tombeau d'Alexandre le Grand et le tombeau de Cléopâtre, l in-8.

Les successeurs d'Alexandre, br. in-8.

CONFÉRENCES PUBLIQUES

ET GRATUITES

DU MUSÉE GUIMET

Conférences de l'année 1893.

27 février. — **M. Paul Regnaud**, *professeur à la Faculté des lettres de Lyon.* La race indo-européenne. Les premières formes de la religion. Le sacrifice. Les Védas. Les premiers textes religieux de la Grèce.

1er mars. — **Du même.** Origine et évolution de l'idée de Dieu.

9 mars. — **Du même.** Dyaus, Zeus, Jupiter.

11 mars. — **Du même.** Les Dieux aèdes et citharèdes. La science et la prescience divines. Les oracles.

13 mars. — **Du même.** Les enfers et les divinités infernales. Les démons.

15 mars. — **Du même.** Le culte des morts. La métempsycose. La délivrance.

16 mars. — **Du même.** Cosmogonie. Origines de l'univers, des mondes et de l'homme.

18 mars. — **Du même.** Développement de la liturgie dans l'Inde et la Grèce. Brahmanisme et bouddhisme. Conclusion.

Conférences de l'année 1894-1895.

1894

2 décembre. — **M. de Milloué**, *conservateur du musée Guimet.* La civilisation coréenne.

5 décembre. — **M. H. Galiment,** *attaché au musée Guimet.* La civilisation de l'Égypte ancienne d'après les monuments et les textes. Tableaux explicatifs.

9 décembre. — **Du même.** Conférence-promenade dans la galerie égyptienne.

12 décembre. — **M. E. Deshayes,** *Conservateur adjoint du musée Guimet* Le Tchanoyou, cérémonie du thé au Japon.

16 décembre. — **M. de Milloué.** Conférence-promenade dans la galerie coréenne.

19 décembre. — **Du même.** Le Tibet et sa religion.

1895

20 janvier. — **M. de Milloué.** Conférence-promenade dans les galeries de l'Inde, de l'Indo-Chine et du Tibet.

27 janvier. — **M. H. Galiment.** Babylone et Ninive d'après les monuments et les textes. Tableaux explicatifs.

3 février. **M. E. Deshayes.** Causerie sur l'histoire de la céramique japonaise et l'influence des cérémonies du thé.

10 mars. — **M. H. Galiment.** Conférence-promenade dans la galerie de l'Égypte ancienne.

17 mars. — **M. de Milloué.** Conférence-promenade dans la galerie des religions du Japon.

24 mars. — **M. Deshayes.** Causerie sur la porcelaine chinoise.

7 avril. — **M. de Milloué.** Le Japon moderne.

21 avril. — **M. Deshayes.** Causerie sur la porcelaine chinoise (XVIIe-XIXe siècles).

28 avril. — **M. Galiment.** Conférence-promenade dans la galerie des religions de l'Orient classique.

19 mai. — **M. Ed. Chavannes,** *Professeur au Collège de France.* La sculpture sur pierre en Chine au IIe siècle de notre ère.

26 mai. — **M. E. Amélineau.** *Maître de conférences à l'École des Hautes Études.* Le tombeau en Égypte.

CONFÉRENCES DU SOIR, AVEC PROJECTIONS *(A la mairie du XVIe arrondissement).*

24 mai. — **M. E. Guimet,** *Directeur du musée.* Les nouvelles découvertes archéologiques en Égypte.

CONFÉRENCES DE L'ANNÉE 1895-1896.

1895

17 novembre. — **M. E. Guimet.** L'Égypte ancienne.

24 novembre. — **M. de Milloué.** L'art indou, son antiquité et son origine. Influence de la Grèce. Aperçu général sur l'art brâhmanique, djain et bouddhique.

1er décembre. — **M. Deshayes.** L'art céramique au Japon. La nouvelle collection des *Kogos*.

8 décembre. — **M. Galiment.** Herculanum, Pompéi et les représentations du culte Isiaque.

15 décembre. — **M. de Milloué.** Les temples et les images brâhmaniques.

1896

12 janvier. — **M. Galiment.** La magie à Babylone et à Ninive.

16 janvier. — **Du même.** Conférence-promenade dans la galerie de l'Orient classique, en particulier sur l'histoire comparée des mythes d'Isis et de Déméter.

19 janvier. — **M. de Milloué.** L'iconographie du brâhmanisme sectaire ou indouisme.

23 janvier. — **Du même.** Conférence-promenade dans la salle des religions de l'Inde.

26 janvier. — **M. Deshayes.** Notes sur la peinture religieuse et civile au Japon.

30 janvier. — **Du même.** Conférence-promenade dans les galeries du musée (peinture religieuse et civile du Japon).

2 février. — **M. Galiment.** Les légendes de l'antique Chaldée d'après les monuments et les textes.

6 février. — **Du même.** Conférence-promenade dans la galerie des religions de l'Orient classique sur la peinture funéraire dans l'Égypte ancienne.

9 février. — **M. de Milloué.** L'imagerie bouddhique dans l'Inde, l'Indo-Chine et le Tibet.

13 février. — **Du même.** Conférence-promenade dans les salles indienne, indo-chinoise et tibétaine.

23 février. — **M. Galiment.** La bibliothèque du palais de Ninive et ses documents religieux.

27 février. — **Du même.** Le déchiffrement des hiéroglyphes égyptiens

1er mars. — **M. de Milloué.** L'iconographie chinoise.

5 mars. — **Du même.** Conférence-promenade dans la salle des religions d la Chine.

8 mars. — **M. Deshayes.** Notes sur les laques japonaises.

15 mars. — **M. Galiment.** La civilisation de Pompéi (Institutions civile et religieuses).

19 mars. — **Du même.** La sculpture religieuse dans les civilisations d l'Égypte, de la Babylonie et de l'Assyrie.

22 mars. — **M. de Milloué.** L'iconographie japonaise.

26 mars. — **Du même.** Promenade-conférence dans la galerie des reli gions du Japon.

29 mars. — **M. Deshayes.** L'art du métal au Japon : bronzes, armures sabres, accessoires de sabres.

2 avril. — **Du même.** Conférence-promenade dans la galerie japonaise les laques et les objets en métal.

Conférences de l'année 1896-1897.

1896

15 novembre. — **M. de Milloué.** Similitudes entre la mythologie indienn et celle des Germains, des Scandinaves et des Gaulois.

29 novembre. — **M. Deshayes.** La porcelaine de Chine avant la dynasti actuelle (Dynastie des Tsing 1619...), par M. Bushell.

6 décembre. — **M. de Milloué.** Les Hérétiques djains.

13 décembre. — **M. Deshayes.** Les céladons chinois d'après les traduction manuscrites du Musée Guimet.

20 décembre. — **M. de Milloué.** Le sacrifice indien.

1897

17 janvier. — **M. Deshayes.** Les bronzes chinois et les collections d'anti quités chinoises des empereurs Hoei-tsong (1102-1126) et Khien-lon (1736-1796).

24 janvier. — **M. de Milloué.** Le système Mahâyâna et le Bouddhisme tibé tain ou Lamaïsme.

31 janvier. — **Du même.** La hiérarchie ecclésiastique et le culte lamaï ques.

7 février. — **M. Deshayes**. Aperçu d'un Guide à travers les livres japonais illustrés du Musée Guimet.

14 février. — **Du même**. Aperçu d'un Guide à travers les livres japonais illustrés du Musée Guimet (suite).

21 févriers. — **M. Maurice Courant**, *interprète au ministère des Affaires étrangères*. La Corée aux VIIIe et XIXe siècles. — Les rapports avec le Japon et son influence sur les origines de la civilisation japonaise.

28 février. — **M. de Milloué**. Le mythe de Vichnou d'après les monuments figurés du Musée Guimet et les textes.

7 mars. — **Du même**. Krichna et le culte populaire indouiste.

14 mars. — **M. Deshayes**. L'École populaire japonaise et ses peintres, d'après des traductions manuscrites de la bibliothèque du Musée Guimet.

21 mars. — **M. Deshayes**. Quelques notes sur des peintres de l'École populaire du Japon, d'après l'Oukiyoé-Hennenshi (traduction manuscrite de la bibliothèque du Musée Guimet).

28 mars. — **M. de Milloué**. La religion populaire de la Chine, d'après la collection de Groot.

4 avril. — **Du même**. La déesse Kâlî et le culte des Çaktîs.

Conférences de l'année 1897-1898.

1897

21 novembre. — **M. de Milloué**. Zoroastre et le Mazdéisme.

28 novembre. — **M. Deshayes**. Documents pour servir à l'histoire de l'art japonais (collection de photographies offertes au Musée Guimet par le gouvernement japonais.

5 décembre. — **M. de Milloué**. Les lieux saints du Bouddhisme. — Découverte récente de l'emplacement de Kapélavastou.

12 décembre. — **M. Deshayes**. Les masques japonais.

19 décembre. — **M. de Milloué**. Le dogme de l'Incarnation chez les Bouddhistes. Bouddhas vivants.

1898

16 janvier. — **M. E. Guimet**. La Chine ancienne et moderne.

23 janvier. — **M. Tomii**, *membre de la Chambre Haute du Japon*. L'évolution législative du Japon.

30 janvier. — **M. Deshayes**. L'origine et les causes du goût des Japonais pour la poterie.

6 février. — **M. de Milloué.** Le Taoïsme est-il l'ancienne religion pri tive des Chinois?

13 février. — **M. Deshayes.** L'art décoratif en Chine d'après les collecti des empereurs Hoaï-tsong (XIIe siècle) et Khien-Long (XVIIIe siècle).

20 février. — **M. de Milloué.** Confucius et sa réforme.

27 février. — **M. Deshayes.** L'expertise des œuvres d'art au Japon.

6 mars. — **M. de Milloué.** Le culte des ancêtres en Chine.

13 mars. — **M. Deshayes.** Notes sur l'histoire de la peinture chin jusqu'au XIVe siècle, d'après M. Hirth.

20 mars. — **M. de Milloué.** Le culte de l'arbre et du serpent chez Indo-européens.

27 mars. — **M. Deshayes.** La fête des jeunes filles et des poupées Japon.

3 avril. — **M. de Milloué.** Les Bonpos tibétains et leur prophète, Çenr Mivo.

Conférences de l'année 1898-1899.

1898

20 novembre. — **M. de Milloué.** L'idée de Dieu et la nature des di chez les peuples de l'Extrême-Orient.

27 novembre. — **M. E. Guimet.** Les nouvelles acquisitions du mu Guimet.

4 décembre. — **M. Deshayes.** Les Makimonos japonais illustrés du mu Guimet. La légende du Mitchizané, homme d'État japonais des et Xe siècles.

11 décembre. — **M. de Milloué.** La notion de l'existence de l'âme et sa nature chez les Indous, les Grecs, les Perses, les Chinois et les Ja nais. — Théories de l'immortalité et de l'anéantissement de l'â Mokcha, Moukti, Nirvâna, Paradis de Soukhâvati.

18 décembre. — **M. Deshayes.** Les Makimonos japonais illustrés du mu Guimet. — La légende de Hidésato, guerrier du Xe siècle. — La lége des amours du prêtre Antchin et de Kiohimé. — Scènes de la c monie du couronnement de l'impératrice Go Sakoura-matchi (1763)

1899

15 janvier. — **M. G. Lafaye,** *professeur à la Sorbonne.* Les divin alexandrines à Rome.

22 janvier. — **M. Deshayes.** Les Makimonos japonais illustrés du musée Guimet. — La légende de l'ogre Shiouten-dodji et du chevalier Yorimitsou (xe–xie siècles). — Les neuf états d'un corps en décomposition, illustration de la sentence bouddhique : Tout n'est que vanité dans la vie. — Épisodes de la vie du prêtre Ippen (xiiie siècle).

29 janvier. — **M. de Milloué.** L'origine du monde d'après les livres sacrés de l'Inde et de la Perse. — Théories déistes et matérialistes. — La doctrine bouddhique de la Çūniatā ou du vide.

5 février. — **Du même.** La vie religieuse de l'Inde. — Cérémonies ou sacrements avant et après la naissance. — La vie religieuse du Grec et du Romain.

12 février. — **M. E. Guimet.** Le culte isiaque romain en Égypte.

19 février. — **M. Deshayes.** Les Makimonos illustrés relatifs au temple de Todaï-dji. — Collection du temple de Todaï-dji (viiie siècle). — Notes sur les collections au Japon.

26 février. — **M. de Milloué.** Les symboles religieux orientaux et leurs rapports avec ceux du paganisme européen.

5 mars. — **M. Maurice Courant.** La valeur des mots *Ti* et *Chang-ti* dans l'ancienne littérature chinoise et sur le prétendu Monothéisme des anciens Chinois.

12 mars. — **M. Deshayes.** Makimonos de caricatures par Toba-sojo (xiie siècle), par Tanniou (xviie siècle) et autres. — Notes sur la caricature au Japon.

19 mars. — **M. A. Foucher,** *maître de conférences à l'École des Hautes Études.* Une excursion archéologique dans le Nord-Ouest de l'Inde ou Gandhāra. — L'art gréco-bouddhique.

26 mars. — **M. de Milloué.** Les lois morales dans l'Inde. — Conception de la nature du péché. — La souillure brahmanique. — Moyens d'expier les péchés : transmigration, pénitences, les enfers. — Absence d'idées de Rédemption.

16 avril. — **M. Deshayes.** Dessins et peintures de chevaux. — Notes sur l'équitation, la classification des chevaux, le rôle du cheval dans les cérémonies religieuses.

23 avril. — **M. de Milloué.** Le mysticisme indou. — Tantrisme brahmanique : les Tantras. — Mantras, dhâranis et moudrâs. — Introduction du mysticisme dans le Bouddhisme vers le ve siècle de notre ère. — Son expansion dans l'Extrême-Orient par le canal du Bouddhisme.

7 mai. — **M. Deshayes.** Grande chasse Shogounale. — Notes sur les chasses officielles et la chasse au Japon.

Conférences de l'année 1899-1900.

1899

19 novembre. — **M. de Milloué**. La condition de la femme dans l'In ancienne. — I. La femme au point de vue religieux et légal.

26 novembre. — **M. A. Foucher**, *maître de conférences à l'École des Hau Études*. Les pèlerinages hindous du Cachemir.

3 décembre. — **M. Deshayes**. Notes sur l'art et les artistes du Japon d'ap un livre japonais de la bibliothèque du Musée Guimet.

10 décembre. — **M. E. Guimet**. Les colonies de l'ancienne Égypte.

17 décembre. — **M. Maurice Courant**, *interprète au ministère des Affai étrangères*. La religion en Corée, ses principales formes, son dévelc pement.

24 décembre. — **M. de Milloué**. La condition de la femme dans l'In ancienne. — II. La femme dans la littérature et au théâtre.

1900

14 janvier. — **M. Deshayes**. Notes sur les ciseleurs, les laqueurs, les scul teurs de Netzkés, d'après un livre de la bibliothèque du Musée Guim

21 janvier. — **M. de Milloué**. Comment s'est établi le pouvoir tempo des Dalaï-Lamas.

28 janvier. — **M. Deshayes**. Les estampes du Musée Guimet. — I acteurs.

4 février. — **M. Lafaye**, *professeur à la Sorbonne*. Le culte isiaque à Ro d'après les monuments.

11 février. — **M. de Milloué**. La tradition historique et la mythologie da les poèmes épiques de l'Inde : I. Le Râmâyana.

18 février. — **M. Ph. Berger**, *membre de l'Institut*. La religion carthagino d'après les monuments.

25 février. — **M. Deshayes**. Les estampes du Musée Guimet. — Les co tisanes.

4 mars. — **M. S. Reinach**, *membre de l'Institut*. De l'origine des priè pour les morts.

11 mars. — **M. de Milloué**. La tradition historique et la mythologie da les poèmes épiques de l'Inde : II. Le Mahâbhârata.

18 mars. — **M. E. Pottier**, *membre de l'Institut*. Les terres cuites de Tanagra.

25 mars. — **M. Babelon**, *membre de l'Institut*. Le camée dans la parure et le luxe des temps anciens.

1er avril. — **M. Deshayes**. Les estampes du Musée Guimet : sujets divers.

8 avril. — **M. E. Guimet**. Les philosophes de la Chine.

Conférences de l'année 1900-1901.

1900

25 novembre. — **M. de Milloué**. Culte et cérémonie en l'honneur des morts chez les peuples de l'Extrême-Orient.

2 décembre. — **M. Deshayes**. Anciens canons de proportion de la sculpture japonaise.

9 décembre. — **M. A. Foucher**, *maître de conférences à l'École des Hautes Études*. Les rites actuels de l'Hindouisme.

16 décembre. — **M. de Milloué**. Un point de mythologie comparée. — Les dieux du feu.

23 décembre. — **M. Maurice Courant**, *maître de conférences à l'Université de Lyon*. Quelques monuments coréens : temples, tombeaux, etc.

1901

13 janvier. — **M. Deshayes**. Documents nouveaux pour servir à l'histoire de l'art japonais. — 1re partie.

20 janvier. — **M. Ph. Berger**, *membre de l'Institut*. Correspondance diplomatique des rois et gouverneurs de Syrie avec les rois d'Égypte, 1500 ans avant notre ère.

27 janvier. — **M. de Milloué**: L'astrologie et les différentes formes de la divination dans l'Inde, au Tibet et en Chine.

3 février. — **M. Deshayes**. Documents nouveaux pour servir à l'histoire de l'art japonais. — 2e partie.

10 février. — **M. Jean Réville**, *professeur à l'École des Hautes-Études, directeur de la Revue de l'Histoire des Religions*. Le mithriacisme. Une religion rivale du Christianisme dans l'Empire romain.

17 février. — **M. G. Lafaye**, *professeur à la Sorbonne*. Les vestales romaines.

24 février. — **M. de Milloué**. Triades et trinités. Leur nature, leur origine et leur rôle dans les différentes religions.

3 mars. — **M. Sylvain Lévi**, *professeur au collège de France*. Le suprê asile du Bouddhisme indien : le Népal.

10 mars. — **M. Deshayes**. Notes sur l'enseignement artistique au Japc

17 mars. — **M. S. Reinach**, *membre de l'Institut*. Coup d'œil sur la mytl logie gauloise.

24 mars. — **M. de Milloué**. De quelques ressemblances entre le Bouddhisı et le Christianisme.

14 avril. — **M. E. Guimet**. Le Fong-Chouei et les superstitions des Chino

21 avril. — **M. Deshayes**. Les êtres animés de l'art chinois, d'après décors et les formes des bronzes de la collection de l'empereur Kiè long (1736-1796).

28 avril. — **M. Chavannes**, *professeur au Collège de France*. De quelqu idées populaires des Chinois et des représentations figurées qu'ils donnent.

5 mai. — **M. de Milloué**. Le symbolisme dans les images des divinités l'Extrême-Orient.

Conférences de l'année 1901-1902.

1901

8 décembre. — **M. de Milloué**. Le Tibet est-il sur le point de s'ouvrir a Européens ? — Aperçu sur l'histoire générale de ce pays.

15 décembre — **M. Deshayes**. Scènes de la vie japonaise au moyen âg d'après quelques peintures du temps.

22 décembre. — **M. Maurice Courant**, *maître de conférences à l'Univers de Lyon*. — Les écritures du monde chinois.

1902

12 janvier. — **M. de Milloué**. Une face du panthéisme Indou. — Idé des philosophes Çivaïtes du IXe siècle sur la nature du Dieu suprême ses relations avec l'âme humaine, d'après le *Siva Gnâna Siddhiar d'Ar nandi Sivâtchârya*.

19 janvier. — **M. S. Reinach**, *membre de l'Institut*. La morale dans la re gion de Mithra.

26 janvier. — **M. Deshayes**. A propos du nu dans l'art du Japon.

2 février. — **M. Ph. Berger**, *membre de l'Institut*. La Genèse chaldéenne.

9 février. — **M. de Milloué**. L'histoire primitive du Japon d'après Kodziki. — Valeur de ce livre au point de vue historique.

16 février. — **M. Pierret,** *conservateur du Musée du Louvre.* Le culte de la vérité dans l'ancienne Égypte.

23 février. — **M. Sylvain Lévi,** *professeur au Collège de France.* — Des rapports signalés entre le bouddhisme et le christianisme.

2 mars. — **M. E. Guimet.** Les premiers chrétiens de l'Égypte.

9 mars. — **M. Deshayes.** Un tissu du VIIe siècle à décor sassanide du temple de Horioudji, à Nara, Japon.

16 mars. — **M. E. Pottier,** *membre de l'Institut.* Les fouilles de Crète.

23 mars. — **M. de Milloué.** Le mouvement religieux dans l'Inde moderne. — Le déisme indou. — La renaissance du bouddhisme dans l'Inde.

13 avril. — **M. Deshayes.** Animaux fantastiques de l'ancien art chinois.

20 avril. — **M. de Milloué.** Étude sur le mythe de Zeus et sur ses équivalents indiens.

CONFÉRENCES DE L'ANNÉE 1902-1903.

1902

7 décembre. — **M. de Milloué,** *conservateur du Musée.* Résultats des travaux de la délégation française en Perse. — Fouilles de Suze.

14 décembre. — **M. Ed. Chavannes,** *professeur au Collège de France.* Confucius.

21 décembre. — **M. E. Deshayes,** *conservateur adjoint du Musée.* Quelques remarques sur des peintures et des sculptures anciennes de l'Extrême-Orient.

1903

11 janvier. — **M. Amélineau,** *maître de conférences à l'École des Hautes Études.* Les nouvelles fouilles d'Abydos et leurs résultats.

18 janvier. — **M. Salomon Reinach,** *membre de l'Institut.* Les supplices de l'enfer hellénique.

25 janvier. — **M. J. Réville,** *maître de conférences à l'École des Hautes Études, directeur de la Revue de l'histoire des religions.* L'antichrist.

1er février. — **M. de Milloué.** Comparaison des Mythes relatifs à la naissance des dieux, des héros et des fondateurs de religions.

8 février. — **M. G. Lafaye,** *professeur à la Faculté des Lettres.* La guérison des malades dans les temples de la Grèce et de Rome.

15 février. — **M. Sylvain Lévi,** *professeur au Collège de France.* La société hindoue et les Castes.

22 février. — **M. E. Deshayes.** Du modelé, de l'ombre et de la lumièr dans la peinture de l'Extrême-Orient.

1er mars. — **M. Philippe Berger,** *membre de l'Institut.* Le déluge.

8 mars. — **M. A. Moret,** *maître de conférences à l'École des Hautes Étude* Les rites du culte divin en Égypte.

15 mars. — **M. E. Guimet,** *directeur du Musée.* Les musées de la Grèce.

22 mars. — **M. E. Deshayes.** Objets d'art et de science européens à l cour de Chine aux XVIIe et XVIIIe siècles.

29 mars. — **M. Maurice Courant,** *maître de conférences à l'Université d Lyon.* Organisation des classes japonaises sous les Tokougawa.

5 avril. — **M. de Milloué.** Conception indienne de la délivrance de l métempsycose par l'ascétisme et la méditation.

Conférences de l'année 1903-1904.

1903

20 décembre. — **M. de Milloué,** *conservateur du Musée Guimet.* Les Tibétains. Notes d'ethnographie.

1904

17 janvier. — **M. Salomon Reinach,** *membre de l'Institut.* Une légende du Ve siècle sur les apôtres.

24 janvier. — **M. E. Cartailhac,** *correspondant de l'Institut.* Les peintures préhistoriques de la grotte d'Altamira (Espagne).

31 janvier. — **M. E. Deshayes,** *conservateur adjoint du Musée Guimet.* Le Jade.

7 février. — **M. R. Cagnat,** *membre de l'Institut.* — La sorcellerie et les sorciers à Rome.

14 février. — **M. de Milloué.** Les traditions diverses relatives au déluge.

21 février. — **M. E. Deshayes.** Insignes officiels, sceptres et sceaux chinois.

28 février. — **M. G. Lafaye,** *professeur à la Faculté des Lettres.* Les dernières fouilles de Rome.

6 mars. — **M. Philippe Berger,** *membre de l'Institut.* Les origines de la poésie religieuse chez les Hébreux.

13 mars. — **M. E. Deshayes.** Anciens tissus chinois.

20 mars. — **M. Sylvain Lévi,** *professeur au Collège de France.* La transmigration des âmes.

27 mars. — **M. D. Menant.** Les Parsis.

Conférences du soir avec projections *(Salle des fêtes de la Mairie du XVIe arrondissement).*

1903

23 décembre. — **M. E. Pottier**, *membre de l'Institut.* La Crête au temps du roi Minos.

1904

6 janvier. — **M. A. Moret**, *maître de conférences à l'École des Hautes Études.* Le rôle divin du roi en Égypte.

20 janvier. — **M. le commandant Fonssagrives.** Les tombes impériales de Si-Ling.

3 février. — **M. de Milloué**, *conservateur du Musée Guimet.* Le Lamaïsme.

17 février. — **M. Gollignon**, *membre de l'Institut.* Les statues de tombeaux dans l'art grec.

9 mars. — **M. E. Guimet**, *directeur du Musée Guimet.* Les antiquités de la Syrie et de la Palestine.

PUBLICATIONS

DU MUSÉE GUIMET

Annales du Musée Guimet.

I. **Mélanges.** — In-4, 8 planches hors texte. — E. Guimet. Rapport sur sa mission scientifique en Extrême-Orient. — Le Mandara de Koôboô-Daï-shi dans le temple de To-ô-dji à Kioto. — Hignard. Le Mythe de Vénus. — Chabas. De l'usage des bâtons de main chez les anciens Égyptiens et chez les Hébreux. — Ed. Naville. Ostracon égyptien du Musée Guimet. — E. Lefébure. Les races connues des Égyptiens. — Garcin de Tassy. Tableau de Kâli-Youg ou Age de fer. — P. Regnaud. La Métrique de Bhârata. — Le Pessimisme brahmanique. — C. Alwyss. Visites des Bouddhas à Lankâ (Ceylan). — J. Dupuis. Voyage au Yun-nan. — Eitel. Le Feng-shoui ou Principes de science naturelle en Chine. — Philastre. Exégèse chinoise. — Shidda. Explication des anciens caractères sanscrits. Traduit du japonais. — Conférence entre la secte Sïn-Siou et la mission scientifique française.

II. **Mélanges.** — In-4. Max Müller. Anciens textes sanscrits découverts au Japon. — Ymaïzoumi. O-mi to-King, ou Soukhavâtî-vyûha-Soûtra, texte vieux-sanscrit traduit d'après la version chinoise de Koumârajîva. — P. Regnaud. La Métrique de Bhârata, texte sanscrit, suivi d'une interprétation française. — Léon Feer. Analyse du Kandjour et du Tandjour, recueils des livres sacrés du Tibet, par Csoma de Körös.

III. **Le Bouddhisme au Tibet,** par Émile Schlagintweit, traduit de l'anglais par L. de Milloué. In-4, 40 planches hors texte.

IV. **Mélanges.** — In-4, 11 planches hors texte. — E. Lefébure. Le pui de Deïr-el-Bahari. — F. Chabas. Table à libations du Musée Guime — Dr Al. Colson. Sur un Hercule phallophore, dieu de la génératio — P. Regnaud. Le Pancha-Tantra, son origine, sa rédaction, sc expansion. — Rev. J. Edkins. La religion en Chine. Exposé des tro religions des Chinois.

V. **Fragments du Kandjour,** traduits du tibétain, par L. Fee In-4.

VI. **Le Lalita-vistara,** ou développement des jeux, contenant l'histoire d Bouddha Çâkya-Mouni, depuis sa naissance jusqu'à sa prédicatio I. Traduction française par Ph.-Ed. Foucaux, professeur au Collè de France. In-4, planches.

VII. **Mélanges.** — In-4, 6 planches hors texte. — A. Bourquin. Brâhma karma ou rites sacrés des Brahmanes, traduit du sanscrit. — Dharm sindhu, ou Océan des rites religieux, par le prêtre Kâshinâtha, tradu du sanscrit. — Sénathi-Raja. Remarques sur la secte çivaïte de l'Ind méridionale. — A. Locard. Les coquilles sacrées dans les religion indoues. — Coomara-Swamy. Dâthâvança, histoire de la Dent-Reliqu du Buddha Gautama, poème épique de Dhamma-Kitti. — Gerson d Cunha. Mémoire sur l'histoire de la Dent-Relique de Ceylan, précéd d'un essai sur la vie et la religion de Gautama-Buddha. — P. Regnaud Études phonétiques et morphologiques dans le domaine des langue indo-européennes.

VIII. **Le Yi-king,** ou Livre des changements de la dynastie des Tscheou traduit du chinois, avec les commentaires de Tsheng-Tsé et de Tshou-h et des extraits des principaux commentateurs, par P.-L.-F. Philastre Première partie. In-4.

IX. **Les Hypogées royaux de Thèbes,** par E. Lefébure. — Premièr division : Le tombeau de Séti Ier, publié *in extenso* avec le concour de MM. U. Bouriant, V. Loret et Ed. Naville. In-4. 130 planche hors texte.

X. **Mélanges.** — In-4, illustré de dessins et de 24 planches.

Mémoires relatifs aux religions et aux monuments ancien de l'Amérique. La stèle de Palenqué, par Ch. Rau. — Idoles d l'Amazone, par J. Verissimo. — Sculptures de Santa-Lucia Cosu malwhuapa (Guatémala), par S. Habel. — Les pierres sculptée du Guatémala (Musée de Berlin), par A. Bastian.

Mémoires divers. — Le Shintoïsme, sa mythologie, sa morale par M. A. Tomii. — Les Idées philosophiques et religieuses de

Jainas, par S. J. WARREN. — Le Mythe de Vrishabha, par L. DE MILLOUÉ. — Le dialogue de Çuka et de Rhamba, par J. GRANDJEAN. — La Question des aspirées en sanscrit et en grec, par P. REGNAUD. — Deux Inscriptions phéniciennes inédites, par C. CLERMONT-GANNEAU. — Le Galet d'Antibes, offrande phallique à Aphrodite, par H. BAZIN.

MÉMOIRES D'ÉGYPTOLOGIE. — La tombe d'un ancien Égyptien, par V. LORET. — Les quatre races dans le ciel inférieur des Égyptiens, par J. LIEBLEIN. — Un des procédés du démiurge égyptien, par E. LEFÉBURE. — Maa, déesse de la vérité, son rôle dans le panthéon égyptien, par A. WIEDEMANN.

XI, XII. **La Religion populaire des Chinois**, par J.-J.-M. DE GROOT. — Les fêtes annuellement célébrées à Emoui (Amoy). Traduit du hollandais, par C.-G. CHAVANNES. Illustrations par F. REGAMEY et héliogravures. 2 vol. in-4, 38 planches.

XIII. **Le Ramayana**, au point de vue religieux, philosophique et moral, par CH. SCHOEBEL. Un vol. in-4.

Couronné par l'Institut.

XIV. **Essai sur le Gnosticisme égyptien**, ses développements, son origine égyptienne, par E. AMÉLINEAU. In-4, planche.

XV. **Siao-hio, la petite étude ou Morale de la jeunesse**, avec le Commentaire de Tche-Siuen, traduit du chinois, par C. DE HARLEZ. In-4, carte.

XVI. **Les Hypogées royaux de Thèbes**, par E. LEFÉBURE. In-4 en 2 fascicules avec planches.

Fascicule I. Seconde division des Hypogées. Notices des Hypogées publiées avec le concours de ED. NAVILLE et ERN. SCHIAPARELLI. — Fascicule II. Troisième division. Tombeau de Ramsès IV.

XVII. **Monuments pour servir à l'histoire de l'Égypte chrétienne** au IVe siècle. Histoire de saint Pakhôme et de ses communautés. Documents coptes et arabes inédits publiés et traduits par E. AMÉLINEAU. In-4.

XVIII. **Avadana Çataka**. — Cent légendes bouddhiques, traduites du sanscrit par LÉON FEER. In-4.

XIX. **Le Lalita-Vistara**, ou Développement des jeux, histoire du Bouddha Çâkya-Mouni, par PH.-ED. FOUCAUX, professeur au Collège de France. — II. Notes, Variantes et Index. In-4.

XX. **Textes taoistes**, traduits des originaux chinois et commentés par C. DE HARLEZ. Un volume in-4.

XXI, XXII, XXIV. **Le Zend-Avesta.** — Traduction nouvelle, avec cor mentaire historique et philologique, par JAMES DARMESTETER, profe seur au Collège de France. 3 vol. in-4.

I. La Liturgie (Yasna et Vispéred). In-4.

II. La Loi (Vendidad). — L'Épopée (Yashts). — Le livre de priè (Khorda-Avesta). In-4.

III. Origines de la littérature et de la religion zoroastriennes. Appe dice à la traduction de l'Avesta (Fragments des Nasks perdus, Index In-4.

L'Institut a décerné en 1893 le prix biennal de 20 000 francs cet ouvrage.

XXIII. **Le Yi-king**, ou Livre des changements de la dynastie des Tscheo traduit du chinois, avec les commentaires par P.-L.-F. PHILASTR Seconde partie. In-4.

XXV. **Monuments pour servir à l'histoire de l'Égypte chrétienne.** — Hi toire des monastères de la Basse-Égypte. Vies de saint Paul, sai Antoine, saint Macaire. Vies des saints Maxime et Domèce, de Jean Nain, etc. Texte et traduction française, par E. AMÉLINEAU. In-

XXVI. I. — **La Corée** ou Tchôsen (la Terre du Calme matinal), par colonel CHAILLÉ LONG-BEY. In-4, figures et planches.

II. — **Guide** pour rendre propice l'étoile qui garde chaque homn et pour connaître les destinées de l'année, traduit du coréc par HONG-TJYONG-OU et Henri CHEVALIER. In-4.

III. — **L'exploration des ruines d'Antinoé** et la découverte d'u temple de Ramsès II enclos dans l'enceinte de la ville d'Hadrie par A. GAYET, In-4, 25 planches.

IV. — **Recueil de talismans laotiens** publiés et décrits p P. LEFÈVRE-PONTALIS. In-4, fig.

XXVII. **Le Siam ancien.** Archéologie, épigraphie, géographie, par L. Fou NEREAU. Première partie. In-4 richement illustré et accompagné de 8 planches.

— Deuxième partie. *(En préparation).*

Couronné par l'Académie des Inscriptions et Belles-Lettres et par Société de Géographie.

XXVIII, XXIX. — **Histoire de la sépulture et des funérailles dans l'a cienne Égypte**, par E. AMÉLINEAU. I. et II. 2 tomes in-4, illustrés accompagnés de 112 planches.

XXX. I. — **L'aile Nord du pylone d'Aménophis III à Karnak**, par G. Legrain et E. Naville. In-4, 17 planches.

II. — **L'exploration des nécropoles gréco-byzantines d'Antinoé** et les sarcophages de tombes pharaoniques de la ville antique, par A. Gayet. In-4, 20 planches.

III. — **Histoire de Thaïs**· Publications des textes grecs inédits et de divers autres textes et versions, par F. Nau. — **L'exploration des nécropoles** de la montagne d'Antinoé. Fouilles de 1901-1902, par A. Gayet. Inscriptions grecques et coptes, par Seymour de Ricu. — **Symboles antiques** trouvés à Antinoé, par Em. Guimet. — **Plantes antiques** des nécropoles d'Antinoé, par Ed. Bonnet. In-4, 24 planches.

Bibliothèque d'études.

Série in-8.

I. — **Le Rig-véda** et les origines de la mythologie indo-européenne, par Paul Regnaud. Première partie. In-8.

II. — **Les lois de Manou**, traduites par G. Strehly. In-8.

III. — **Coffre à trésor attribué au Shogoun Iyéyoshi** (1838-1853). Étude héraldique et historique, par L. de Milloué et S. Kawamoura. In-8, figures.

IV. — **Recherches sur le bouddhisme**, par Minayeff, traduit du russe par Assier de Pompignan. Introduction par Em. Senart, de l'Institut. In-8.

V. — **Voyage dans le Laos**, par Étienne Aymonier, Première partie. In-8, avec 32 cartes.

VI. — Seconde partie. In-8, 22 cartes.

VII. — **Les Parsis**. Histoire des communautés zoroastriennes, par D Menant. Première partie. In-8, fig. et 21 planches.

Couronné par l'Académie française. — Prix Marcellin Guérin.

VIII. — **Si-do-in-dzou**. Gestes de l'officiant dans les cérémonies mystiques des sectes Tendaï et Singon (Bouddhisme japonais), d'après le commentaire de M. Horiou-Toki, supérieur du temple de Mitani-Dji. Traduit du japonais par S. Kawamoura. Introduction et annotation, par L. de Milloué. In-8, 18 planches et reproduction fac-similé du texte.

XI. — **La vie future**, d'après le mazdéisme, à la lumière des croyances parallèles dans les autres religions. Étude d'eschatologie comparée, par Natan Soederblom. In-8.

X et XI. — **Histoire du bouddhisme dans l'Inde**, par H. KERN, professeur l'Université de Leyde. Traduit du néerlandais par M. Gédéon HUE: sous-bibliothécaire à la Bibliothèque nationale. 2 vol. in-8, carte.

XII. — **Bod youl ou Tibet**, par L. DE MILLOUÉ. In-8 (sous presse).

XIII. — **Le théâtre au Japon**, ses rapports avec les cultes locaux, par A BÉNAZET. In-8, illustré.

XIV. — **Le rituel du culte divin journalier en Égypte**, d'après les papyrı de Berlin et les textes du temple de Séti Ier à Abydos, par Alexandı MORET. In-8, fig. et planches.

XV. — **Du caractère religieux de la royauté pharaonique**, par Alexandı MORET. In-8, fig. et planches.

XVI. — **Le culte d'Adonis**, par Ch. VELLAY. In-8, illustré (sous presse)

XVII-XVIII. — **Le Népal**, par Sylvain LÉVI, professeur au Collège d France. 2 vol. in-8, illustrés (sous presse).

Bibliothèque de vulgarisation.

I. — **Les moines égyptiens**, par E. AMÉLINEAU. In-18, illustré.

II. — **Précis de l'histoire des religions.** — Première partie : Religions d l'Inde, par L. DE MILLOUÉ. In-18, illustré de 21 planches.

III. — **Les Hétéens.** — Histoire d'un Empire oublié, par H. SAYCE. Tra duit de l'anglais, avec préface et appendices, par J. MENANT, de l'Inst tut. In-18, illustré de 4 planches et de 15 dessins dans le texte.

IV. — **Les symboles, les emblèmes et les accessoires du culte chez le Annamites**, par G. DUMOUTIER. In-18, illustré de 35 dessins anna mites.

V. — **Les Yézidis.** Les adorateurs du diable, par J. MENANT, de l'Institu In-18, illustré.

VI. — **Le culte des morts** dans l'Annam et dans l'Extrême-Orient, par l lieutenant-colonel BOUINAIS et PAULUS. In-18.

VII. — **Résumé de l'histoire de l'Égypte**, par E. AMÉLINEAU. In-18.

VIII. — **Le bois sec refleuri**, roman coréen, traduit en français par HON TJYONG-OU. In-18.

IX. — **La Saga de Nial**, traduite en français pour la première fois par R. Dareste, membre de l'Institut, conseiller à la Cour de Cassation. In-18.

X. — **Les castes dans l'Inde.** Les faits et le système, par Em. Senart, de l'Institut. In-18.

XI — **Introduction à la philosophie Védanta.** Trois conférences faites à l'Institut Royal en mars 1894, par F. Max Müller, membre de l'Institut. Traduit de l'anglais, avec autorisation de l'auteur, par M. Léon Sorg.

XII. — **Conférences au musée Guimet**, par L. de Milloué, 1898-1899. Préface par Em. Guimet.

XIII. — **L'évangile du Bouddha** raconté d'après les anciens documents, par Paul Carus. Traduit de l'anglais par L. de Milloué.

XIV. — **Conférences au Musée Guimet**, par L. de Milloué, 1899-1900 et 1900-1901.

XV. — **Conférences au Musée Guimet**, par MM. Courant, Reinach, Cartailhac, Cagnat.

XVI. — **Conférences au Musée Guimet**, par MM. Lafaye, Ph. Berger, Sylvain Lévi, D. Menant.

Guide illustré au Musée Guimet, par L. de Milloué, 4e recension (1900). In-18, nombreuses figures. . . . . 1 fr. »

Introduction au catalogue du Musée Guimet. Aperçu sommaire des Religions des anciens peuples civilisés, par L. de Milloué. In-18. 1 fr. 50

Catalogues des objets recueillis à Antinoé, par M. Gayet pendant ses fouilles de 1898 à 1901 et exposés au Musée Guimet. In-18, 3 broch., chaque. . . . . 0 fr. 50

Revue de l'Histoire des Religions

PUBLIÉE SOUS LA DIRECTION DE M. JEAN RÉVILLE

Deux volumes par an, paraissant par livraison tous les deux mois.

TOME I

Maurice Vernes. Introduction. — **A. Bouché-Leclercq.** De la divination italique. — **J. Welhausen.** De l'unité du sanctuaire chez les Hébreu — **J. Spooner.** Exploration des monuments religieux du Cambodge. **V. Duruy.** De la formation d'une religion officielle dans l'Empire romai — **C.-P. Tiele.** Esquisse du développement religieux en Grèce. — **Darmesteter.** Le Dieu suprême dans la mythologie indo-européenne. **A. Barth.** La mythologie aryenne. — **G. Maspero.** La Religion de l'Égyp — **Maurice Vernes.** La Religion juive (Judaïsme ancien). — **A. Bart** Les religions de l'Inde. — **S. Guyard.** Les religions assyro-babylonienn — **H. Cordier.** Les religions de la Chine. — **J. Vinson.** Documer inédits sur la sorcellerie; — Éléments mythologiques des pastoral basques. — **G. Clermont-Ganneau.** La mythologie iconographique. **G. d'Eichthal.** Sur le nom et le caractère du dieu d'Israël Jahvéh. **Van Hamel.** L'enseignement de l'histoire des religions en Hollande. Corrections proposées au Nouveau Testament. — Le Christianisme ju par un Japonais. — Notice sur le Musée religieux, fondé à Lyon p M. Émile Guimet. — Comptes rendus. — Dépouillement des péri diques et des travaux des Sociétés savantes. — Chronique. — Bibli graphie.

TOME II

Ravaisson. Les monuments funéraires des Grecs. — **J. Welhausen.** L sacrifices et les fêtes chez les Hébreux. — **C.-P. Thiele.** Comment disti guer les éléments exotiques de la mythologie grecque. — **J. Welhause** Les prêtres et les lévites chez les anciens Hébreux. — **J. Goldziher.** L culte des saints chez les Musulmans. — **P. Decharme.** La mytholog grecque. — **A. Gaidoz.** La mythologie gauloise. — **Maurice Vernes.** L religion chrétienne (Origines). — **H. Oort.** Le Judaïsme post-bibliqu — **A. Bouché-Leclercq.** La mythologie latine. — **Léon Feer.** Le boud dhisme extra-indien (Tibet et Indo-Chine). — **Decourdemanche.** Sal mon et les oiseaux (légende populaire turque). — Notice sur le Musé religieux, fondé à Lyon par M. Émile Guimet. — **Van Hamel.** Aperç général des principaux phénomènes religieux. — **J. Hooykaas.** Étud générale des différentes religions. — Comptes rendus. — Dépouill ment des périodiques et des travaux des Sociétés savantes. — Chroniqu — Bibliographie.

TOME III

Maurice Vernes. Quelques observations sur la place qu'il convient de fair à l'histoire des religions, aux différents degrés de l'enseignement public — **F. Lenormant.** Les Bétyles. — **Michel Nicolas.** Agobard et l'Églis franque au IXe siècle. — **G. Perrot.** La religion égyptienne dans se rapports avec l'art de l'Égypte. — **C.-P. Tiele.** La religion des Phéni ciens d'après les plus récents travaux. — **E. Beauvois.** La magie chez les Finnois. — **F. Lenormant.** Sol Elagabalus. — **A. Bouché-Leclercq.** La divination chez les Étrusques. — **A. Barth.** Les religions de l'Inde. — **H. Cordier.** Les religions de la Chine (Piété filiale). — **Maurice Vernes.** L'histoire générale des religions. — **H. Oort.** Le rôle de la religion dans la formation des États, à propos de la Cité antique de M. Fustel de Coulanges. — **Decourdemanche.** Fragments de littérature superstitieuse ottomane. — **Paul Pierret.** L'œuvre de Mariette-Bey au point de vue des études d'histoire religieuse. — **J. Vinson.** Éléments mythologiques dans les pastorales basques. — **J. Réville.** La date du martyre de saint Polycarpe. — Dépouillement des périodiques et des travaux des Sociétés savantes. — Chronique. — Bibliographie.

TOME IV

Alb. Réville. La nouvelle théorie Evhémériste (Herbert Spencer). — **J. Halévy.** Esdras et le code sacerdotal. — **L. Leger.** Esquisse sommaire de la mythologie slave. — **H. Kern.** Histoire du bouddhisme dans l'Inde. — **J. Happel.** La religion de l'ancien empire chinois étudiée au point de vue de l'histoire comparée des religions. — **Gaston Boissier.** Esquisse d'une histoire de la religion romaine. — **E. Beauvois.** La mythologie scandinave. — **H. Oort.** Le judaïsme post-biblique. — **Maurice Vernes.** La religion chrétienne (Vie de Jésus). — **P. Decharme.** La religion grecque. — **Maurice Vernes.** La religion juive ancienne. — Le Pentateuque de Lyon et les anciennes traditions de la Bible. — Les Catacombes. — La politique religieuse de Constantin. — Les Origines de la société musulmane. — La Question de l'instruction religieuse dans l'enseignement secondaire en Hollande. — La foi en la Rédemption et au Rédempteur dans les principales religions. — Dépouillement des périodiques et des travaux des Sociétés savantes. — Chronique. — Bibliographie.

TOME V

E. Beauvois. La Magie chez les Finnois *(suite)*. — **Maurice Vernes.** Les plus anciens sanctuaires des Israélites. — **H. Kern.** Histoire du bouddhisme dans l'Inde *(suite)*. — **Léon Feer.** De l'histoire et de l'état présent des études zoroastriennes ou mazdéennes, particulièrement en France. — **Michel Nicolas.** Étude sur Philon d'Alexandrie. — **G. Maspero.** Bulletin critique de la religion de l'Égypte ancienne. — **A. Barth.** Bulletin critique des religions de l'Inde. — **S. Guyard.** Bulletin critique de la religion assyro-babylonienne (Question suméro-accadienne). — **Maurice Vernes.** Bulletin critique de la religion chrétienne (Saint Paul).

— La foi en la Rédemption et au Rédempteur dans les principales re gions *(fin)*. — **Decourdemanche.** La légende d'Adam chez les Musu mans. — Dépouillement des périodiques et des travaux des Sociét savantes. — Chronique. — Bibliographie.

TOME VI

A. Kuenen. L'Islam offre-t-il les caractères de l'universalisme religieux ? - **J.-A. Hild.** La légende d'Enée avant Virgile. — **Al. Réville.** Consid rations générales sur les religions des peuples non civilisés. — **W. Whitney.** Le prétendu hénothéisme du Véda. — **Maurice Vernes.** L origines politiques et religieuses de la nation israélite. — **E. Beauvoi** La Magie chez les Finnois *(fin)*. — **Maurice Vernes.** Bulletin critiq de la religion juive (Judaïsme ancien). — **Decourdemanche.** La légen d'Alexandre chez les Musulmans. — L'histoire des religions en Belgiqu — **Maurice Vernes.** M. Paul Bert et l'enseignement de l'histoire d religions. — **Alb. Réville.** La religion des Esquimaux. — **Mauri Vernes.** Encore l'enseignement supérieur de l'histoire des religions. - Dépouillement des périodiques et des travaux des Sociétés savantes. - Chronique. — Bibliographie.

TOME VII

H. Gaidoz. Deux parallèles mythologiques : Rome et le Congo. — **H. Ker** Histoire du bouddhisme dans l'Inde *(suite)*. — **Maurice Vernes.** L origines politiques et religieuses de la nation israélite *(fin)*. — **Mich Nicolas.** Études sur Philon d'Alexandrie *(suite)*. — **A. Kuenen.** Judaïsn et Christianisme. — **E. Beauvois.** L'Élysée transaluntique. — **Mauric Vernes.** — Les débuts de la nation juive : Époque dite des juges. Débu de Saül. — **P.-E. Foucaux.** Un catéchisme bouddhique en 1881. — **G. d Mortillet.** La religion préhistorique. — **Decourdemanche.** Les légend évangéliques chez les Musulmans. — **A. Bouché-Leclercq.** Les oracl sibyllins. — Dépouillement des périodiques et des travaux des Sociét savantes. — Chronique. — Bibliographie.

TOME VIII

E. Revillout. Les origines du schisme égyptien. Premier récit : Le précu seur et inspirateur Sénuthi le prophète. — **Michel Nicolas.** Études su Philon d'Alexandrie *(suite)*. — **J. Menant.** Le Panthéon assyrien : L Beltis. — **Maurice Vernes.** Les débuts de la nation juive : État social politique. — **A. Bouché-Leclercq.** Les oracles sybillins *(suite)*. — Mélanges et documents. — Dépouillement des périodiques et des travaux des Sociétés savantes. — Chronique. — Bibliographie.

TOME IX

Woodville Rockhill. Le traité de l'Émancipation ou Prâtimoksa Sûtra. — **Psichari.** La Ballade de Lénore en Grèce. — **Massebieau.** Des sacrifices ordonnés à Carthage au commencement de la persécution de Décius. — **Alb. Réville.** Étude sur la mythologie grecque, d'après Otfried Müller. — **L. de Rosny.** La grande déesse solaire : Ama-Terasou Oho-Kami et les origines du sintauïsme. — **Ed. Montet.** Les origines de la croyance à la vie future chez les Juifs. — **Lieblein.** Le mythe d'Osiris. — **Goblet d'Alviella.** Keshub Chunder Sen. — **Carnoy.** Les serpents et les dragons dans les croyances et les traditions populaires. — Les Acousmates et les chasses fantastiques. — **Bouché-Leclerc.** Les Oracles sibyllins, livre III *(suite et fin)*. — **Goblet d'Alviella.** Études d'histoire religieuse contemporaine. — **Mélanges.** L'œuvre de M. Guimet jugée à l'étranger. — Revue des livres. — Chronique. — Dépouillement des périodiques. — Bibliographie.

TOME X

Beauvois. L'Élysée des Mexicains comparé à celui des Celtes. — **Massebieau.** L'enseignement des Douze Apôtres. — **Goldziher.** Le culte des ancêtres et le culte des morts chez les Arabes. **Baissac.** Études d'histoire religieuse contemporaine. — La nouvelle Théosophie. — **Legrand.** Quatre contes grecs recueillis à Smyrne en 1875. — **De Puymaigre.** La fille aux mains coupées, étude de folk-lore. — **Nicolas.** Les origines de l'Académie protestante de Montauban. — Revue des livres. — Nécrologie (Stanislas Guyard ; Richard Lepsius). — Chronique. — Dépouillement des périodiques et des travaux des Sociétés savantes. — Bibliographie.

TOME XI

Guaidoz. Les religions de la Grande-Bretagne. — **Barth.** Bulletin des religions de l'Inde. — **Bonet-Maury.** Akbar, un initiateur de l'étude comparée des religions et un précurseur de la tolérance dans l'Inde. — **Fagnan.** Bulletin de l'Islam. — **Montet.** Les Missions musulmanes au XIVe siècle. — **Regnaud.** Quelques observations sur la méthode en mythologie comparée. — **Ménant.** Le mythe de Dagon. — **Lefébure.** Les fouilles de M. Naville à Pithom. — L'exode. — Le canal de la mer Rouge. — **Leblois.** La dernière publication de M. Duemichen. — **Lefébure.** Le docteur Lepsius au to beaude Seti Ier. — **Lafaye.** L'introduction du culte de Sérapis à Rome. **Bazin.** Le galet inscrit d'Antibes. — Offrande phallique à Aphrodite. **Massebieau.** Une nouvelle interprétation de la Didaché par M. Ménég — **Lewis da Sylva Pandit.** Le bonheur de Nirvâna, extrait du Mili dapprashvaya ou Miroir des doctrines sacrées. — Revue des Livres. - Chronique. — Dépouillement des périodiques et des travaux des Sociéi savantes. — Bibliographie.

TOME XII

Goblet d'Alviella. Les origines de l'idolâtrie. — **Halévy.** Esdras a-t-il pr mulgué une loi nouvelle? — **P. Regnaud.** Sur les phases de la religi védique, d'après M. Véron. — **Maspero.** La religion égyptienne d'apr les pyramides de la Ve et de la VIe dynastie. — **J. Réville.** Les Mithri cisme au IIIe siècle de l'ère chrétienne. — **P. Regnaud.** La méthode mythologie comparée. — La Mâyà et le pouvoir créateur des divinit védiques. — **Tiele.** Le Mythe de Kronos. — **Sébillot.** Légendes chr tiennes de la Haute-Bretagne. — **'Abd-Allâh ibn 'Abd-Allâh,** le Drogmar Le présent de l'homme lettré pour réfuter les partisans de la Croix. - **Goblet d'Alviella.** M. Maurice Vernes et la méthode comparative dans l'hi toire des Religions. — Le Musée Guimet à Paris. — **Foucaux.** U Mémoire espagnol sur le Nirvâna bouddhique. — **P. Regnaud.** Les Véd et la Paléographie. — Revue des livres. — Chroniques. — Dépouill ment des périodiques. — Bibliographie.

TOME XIII

Ch. Ploix. Mythologie et Folklorisme. — Les mythes de Kronos et d Psyché. — **Eug. de Faye.** De l'influence du démon de Socrate sur s pensée religieuse. — **P. Regnaud.** L'origine du mot Saturnus. - **L. Feer.** De l'importance des actes de la pensée dans le bouddhisme. - **Imbault-Huart.** Kouanti, le dieu de la guerre chez les Chinois. - **J. Réville.** De la complexité des mythes et des légendes, à propos d récentes controverses sur la méthode en mythologie comparée. — **A. La noy.** Folklore et mythologie. — **A. Réville.** L'empereur Julien (premie article). — **H. Derenbourg.** La science des religions et l'Islamisme. - **L. Sichler.** La fille aux bras coupés. — **Carrière** : L'Hexateuque d'aprè M. Kuenen. — Revue des livres. — Chronique. — Dépouillement de périodiques. — Bibliographie.

TOME XIV

A. Réville. L'empereur Julien *(fin)*. — **Lefébure.** L'étude de la religion égyptienne. Son état actuel et ses conditions. — **Goldziher.** Le sacrifice de la chevelure chez les Arabes. — **G. Dottin.** La croyance à l'immortalité de l'âme chez les anciens Irlandais. — **P. Regnaud.** Le sens primitif des mots latins « Augur et Genius ». — **De Pressensé.** La religion chaldéo-assyrienne. — **Goblet d'Alviella.** Les institutions ecclésiastiques d'Herbert Spencer et l'évolution du sentiment religieux. — **Hild.** Le pessimisme moral et religieux chez Homère et Hésiode. (premier article). — **Halévy.** Le code sacerdotal pendant l'exil. — **M. Souriau.** Du merveilleux dans Lucain. — **Ed. Montet.** La religion et le théâtre en Perse. — **L. Feer.** Vitra et Namoutchi dans les Mahâbhârata. — **Amélineau.** Le christianisme chez les anciens Coptes (premier article). — **J. Réville.** L'histoire des religions : sa méthode et son rôle. — **De Milloué.** Le septième Congrès international des Orientalistes. Session de Vienne. — **L. Sichler.** Une dernière version russe de la Fille aux bras coupés. — Revue des Livres. — Chronique. — Dépouillement des périodiques. — Bibliographie.

TOME XV

Sabatier. Une contribution à l'étude du Paulinisme. — De la question de l'origine du péché, d'après les lettres de l'apôtre Paul. — **Hild.** Le pessimisme moral et religieux chez Homère et Hésiode (2e article). — **P. Regnaud.** Une épithète des dieux dans le Rig-Véda. — **Amélineau.** Le christianisme chez les anciens Coptes (2e article). — **J. Menant.** Les Hétéens. Un nouveau problème de l'histoire d'Orient. — **P. Regnaud.** Le δαίμων, histoire d'un mot et d'une idée. — **Maspero.** Le rituel du sacrifice funéraire. — Bulletin critique de la religion égyptienne. — **G. Lafaye.** Les découvertes en Grèce au point de vue de l'histoire des religions. — **Maspero.** Le livre des morts. — Bulletin critique de la religion égyptiene. — **Massebieau.** L'Apologétique de Tertullien et l'Octavius de Minucius Félix. — Revue des livres. — Chronique. — Dépouillement des périodiques. — Bibliographie.

TOME XVI

Decharme. La déesse Basiléia. — **A. Derenbourg.** L'inscription de Tabnit, père d'Eschmoun'azar. — **Lefébure.** L'œuf dans la religion égyptienne. — **Regnaud.** Le mot védique *rta*. — **Horst.** Étude sur le Deutéronome. — Composition du Deutéronome. — **Lafaye.** Les découvertes en Grèce. Bulletin de 1886 (2e article). — **Mourier.** L'état religieux de la Mingrélie. — **Ed. Sayous.** Le Taurobole. — **Goldziher.** Le monothéisme dans la vie religieuse des Musulmans. — **P. Regnaud.** Le caractère et l'origine des jeux de mots védiques. — **Massebieau.** Le traité de la vie contemplative de Philon et la question des thérapeutes. — **Bonet-**

Maury. La légende d'Abgar et de Thadée et les missions chrétiennes Edesse. — **G. Lafaye**. Les découvertes en Italie. Bulletin de 1886. — **Decourdemanche**. La morale religieuse chez les Musulmans. — Corre: pondance: Lettres de M. Clermont-Ganneau et de M. Carrière. — Revue des livres. — Chronique. — Dépouillement des périodiques. — Bibliographie.

TOME XVII

Horst. Études sur le Deutéronome (2e article). I. Composition. II. Le sources et la date. — **Monseur**. La légende d'Achille, d'après E.-H Meyer. — **P. Regnaud**. M. Max Müller et les origines de la mythologie — **Hidl**. Le pessimisme moral et religieux chez Homère et Hésiode. — **J. Halévy**. La religion des anciens Babyloniens et son plus récent histo rien M. Sayce. — **Maspero**. Les hypogées royaux de Thèbes. — Bulle tin critique de la religion égyptienne (1er article). — **J. Loeb**. Les con troverses religieuses entre les Chrétiens et les Juifs au moyen âge, en France et en Espagne (1er article). — **Halévy**. Les travaux de M. Jéré mias et de M. Haupt sur la religion et la langue des anciens Assyriens — **Decourdemanche**. La morale religieuse chez les Musulmans. — **G. La faye**. Un nouveau dieu syrien à Rome. — **Massebieau**. Encore un mo sur la vie contemplative de Philon. — Correspondance : lettre de M. La faye. — Revue des Livres. — Chronique. — Dépouillement des pério diques. — Bibliographie.

TOME XVIII

Maspero. Les hypogées royaux de Thèbes (2e et dernière partie). — **G. Lafaye**. Bulletin archéologique de la religion romaine, 1887. — **I. Loeb**. Les controverses religieuses entre les Chrétiens et les Juifs au moyen âge en France et en Espagne (2e et dernière édition). — **P. Paris** Les découvertes en Grèce. Bulletin archéologique de la religion grecque 1887-1888. — **Goldziher**. Influences chrétiennes dans la littérature reli gieuse de l'Islam. — **Maspero**. La mythologie égyptienne. Les travaux d MM. Brugsch et Lanzone (1re partie). — **Cl. Huart**. La religion de Bâb. Es sai de réforme de l'islamisme en Perse au XIXe siècle. — **L. Feer**. Le séjou des morts chez les Indiens et selon les Grecs. — **Horst**. Études sur l Deutéronome (3e article). Les sources et la date du Deutéronome. — **Dumoutier**. Légendes et traditions du Tonkin et de l'Annam. — **A. Bart**h Abel Bergaigne. — Revue des livres. — Chronique. — Dépouillemen des périodiques. — Bibliographie.

TOME XIX

G. Maspero. La mythologie égyptienne. Les travaux de MM. Brugsch et Lan zone (2e partie). — **M. Vernes**. Quand la Bible a-t-elle été composée ? Y a-t-il, dans l'Ancien Testament, des livres ou des morceaux antérieurs à l'époque du second temple? — **Barth**. Bulletin des religions de l'Inde. — **Piepenbring**. La religion primitive des Hébreux. Moïse et le Jahvisme. — **Ed. Montet**. De l'origine des Vaudois et de leur littérature. — **P. Regnaud**. Le Rig-Véda et les origines de la mythologie indo-européenne. — **Cl. Huart**. La procession des flagellants persans à Constantinople. — **P. Regnaud**. Étymologies véridiques. — **L. Sichler**. Légendes russes recueillies par Aphanassief. — **Baldensperger**. Les Bibles et les initiateurs religieux de l'humanité de Louis Lebois. — Revue des livres. — Chronique. — Dépouillement des périodiques. — Bibliographie.

TOME XX

Kuenen. La réforme des études bibliques, selon M. H. Vernes. — **Lafaye**. Bulletin archéologique de la religion romaine, 1888. — **Snouck Hurgronje**. Contributions récentes à la connaissance de l'Islam. — **J. Réville**. L'histoire des religions à l'Exposition universelle de 1889. — **Goblet d'Alviella**. Des symboles qui ont influencé la représentation figurée des pierres coniques chez les Sémites. — **Koullkovski**. Les trois feux sacrés du Rig-Véda. — **Girard de Rialle**. La population de Madagascar. — **A. Réville**. L'histoire des religions au congrès des sciences ethnographiques de Paris. — **Ed. Montet**. Le congrès des orientalistes de Stockholm. — **J. Réville**. L'enseignement de l'histoire des religions aux États-Unis et en Europe. — Revue des livres. — Chronique. — Dépouillement des périodiques. — Bibliographie.

TOME XXI

Ch. Piepenbring. Le livre de la Genèse. — **P. Regnaud**. Études védiques : traduction d'un hymne à l'Aurore (R. V. T. 123) ; Deux appréciations du Rig-Véda. — **V. Courdavaux**. Saint-Irénée. — **E. Amélineau**. Les traités gnostiques d'Oxford. — **I. Goldziher**. Le rosaire dans l'Islam. — **Ed. Montet**. La chanson de Bricou. — **S. Arthur Strong**. Les conférences de M. Robertson Smith sur la religion des sémites. — Revue des livres. — Chronique. — Dépouillement des périodiques et des travaux des sociétés savantes. — Bibliographie.

TOME XXII

J. Réville. Études sur les origines de l'épiscopat. — La valeur du témoignage d'Ignace d'Antioche. — **L. de Rosny**. Les origines du Tàoïsm — **P. Regnaud**. Études védiques. — L'hymne III, 1 du Rig-Véda. — **H. d'Arbois de Jubainville**. La religion celtique d'après M. Rhys. — **J. Halévy**. La religion mazdéenne d'après M. Braudt. — **J.-A. Decourdemanche**. La légende d'Abraham d'après les Musulmans. — **Goblet d'Alviella**. Une application pratique du syncrétisme en Angleterre. — **J. Halévy**. La Cosmologie babylonienne d'après M. Jensen. — **A. Réville**. Les personnages ailés des monuments assyriens d'après Ed. Tylor. — **J. Halévy**. De l'introduction du Christianisme chez les tribus turques de la Haute-Asie, à propos des inscriptions de Samïrjetschie, publiés par MM. Chwolson et Radloff. — **E. Coquart**. L'Utah. Un essai de théocratie au XIXe siècle. — **A. Réville**. Une nouvelle Vie de Jésus. — Revue des Livres. — Correspondance. — Chronique. Dépouillement des périodiques et des travaux des Sociétés savantes. — Bibliographie.

TOME XXIII

V. Courdavaux. Tertullien. — **Sylvain Lévi**. Le bouddhisme et les Grecs. — **E. Amélineau**. Un tombeau égyptien. — **E. Babelon**. La tradition phrygienne du déluge. — **L. Horst**. Études sur le Deutéronome. — Les sources et la date du Deutéronome *(suite)*. — **J, Goldziher**. Gl... nures païennes dans l'Islam. — **A. Bouché-Leclercq**. Tyché ou la fortune, à propos d'un ouvrage récent. — **P. Regnaud**. Les origines du mythe d'Aurva. — **L. Dollfus**. Un saint du XIe siècle, Domingo de Silos. — **P. Paris**. Bulletin archéologique de la religion grecque (novembre 1889-octobre 1890). **E. Monseur**. Travaux récents sur la mythologie scandinave. — **L. Sichler**. Légendes russes. — **Dr Faust**. Oryx et les étoiles filantes. — **L. C**. Un office bouddhique au Musée Guimet. — **L. Leblois**. Christianisme et bouddhisme, à propos de quelques travaux contemporains. — Revue des livres. — Chronique. — Dépouillement des périodiques et des travaux des sociétés savantes. — Bibliographie.

TOME XXIV

C. Piepenbring. Histoire des lieux de culte et de sacerdoce en Israël. — **E. Aymonier**. Les Tchames et leurs religions. — **J. Deramey**. Les inscriptions d'Adoulis et d'Axoum. — **J. Darmesteter**. Le Hvaêtvadatha ou le mariage entre consanguins chez les Parsis. — **A. Audollent**. Bulletin archéologique de la religion romaine, année 1890. — **L. Finot**. La religion et le théâtre dans l'Inde. — **L. Massebieau**. La langue originale des Actes des saintes Perpétue et Félicité. — **Ed. Montet**. Le Congrès des Orientalistes de Londres. — **E. Amélineau**. Le papyrus Bruce. Ré ponse aux « Göttingische gelehrte Anzeigen ». — Revue des livres. — Chronique. — Dépouillement des périodiques et des travaux des sociétés savantes. — Bibliographie.

TOME XXV

G. Maspero. Sur l'Ennéade. Bulletin critique de la religion égyptienne. **P. Regnaud.** Le Çraddhâ védique. — **L. Horst.** L'hypothèse de M. Havet sur la modernité des prophètes. — **V. Courdaveaux.** Clément d'Alexandrie. — **P. Paris.** Bulletin archéologique de la religion grecque (novembre 1890-novembre 1891). — **L. Marillier.** M. Frazer et la Diane de Némi. — **J. Réville.** Abraham Kuenen. — **B. Feer.** Trois plaidoyers en faveur du Bouddhisme. — Travaux de MM. Ryauon, Fujishima, Soubhadra Bhikshou et Chaboseau. — **A. Barth.** La traduction des hymnes védiques de M. Müller. — **A. Millioud.** Esquisse des huit sectes bouddhistes du Japon, par Gyaunen (1289 ap. J.-C.). — Revue des livres. — Chronique. — Dépouillement des périodiques et des travaux des sociétés savantes. — Bibliographie.

TOME XXVI

J. S. Speijer. Le dieu romain Janus. — **P. Regnaud.** Les hymnes du Rig-Véda sont-ils des prières ? — **J. Goldziher.** Le dénombrement des sectes mahométanes. — **X. Kœnig.** Bulletin de la religion juive. Travaux récents sur l'Ancien Testament. — **A. Audollent.** Bulletin archéologique de la religion romaine, année 1891. — **L. de la Vallée-Poussin et G. de Blonay.** Contes bouddhiques : la légende de Çakhupala ; la légende de Madhakhundati. — **A. Millioud.** Esquisse des huit sectes bouddhistes du Japon, par Gyau-nen *(suite et fin).* — **A. Réville.** Ernest Renan. — **P. Paris.** Bulletin archéologique de la religion grecque (novembre 1891-novembre 1892). — **L. Dollfus.** Garci Ferrans de Jerena et le juif Baena. Scènes de la vie religieuse en Espagne à la fin du XIVe siècle. — **Ad. Lods.** Fragments d'évangiles et d'apocalypses découvertes en Égypte. — Revue des Livres. — Chronique. — Dépouillement des périodiques et des travaux des Sociétés savantes. — Bibliographie.

TOME XXVII

Ch. Piepenbring. La religion des Hébreux à l'époque des juges. — **L. Horst.** Études sur le Deutéronome. II. Les sources et la date du Deutéronome *(suite et fin).* — **F. Picavet.** Les rapports de la religion et de la philosophie en Grèce. Épicure fondateur d'une religion nouvelle. — **J. Dera mey.** Une lettre d'Ignace de Loyola à Claudius, roi d'Éthiopie o d'Abyssinie. — **A. Barth.** Bulletin des religions de l'Inde. I. Véda ‹ Brahmanisme. — **A. Réville.** La Religion chinoise, à propos d'u ouvrage de M. de Harlez. — **C. de Harlez.** La lampe de la salle obscui (Gan-shih-tang), traité de morale taôiste. — **P. Regnaud.** Observatioı nouvelles sur l'exégèse védique, en réponse à M. Barth. — Revue d‹ Livres. — Chronique.

TOME XXVIII

I. Goldziher. La notion de la Sakîna chez les Mahométans. — **J. Deramey** Les martyrs de Nedjran au pays des Homérites en Arabie. — **L. Dollfus** Les Muzarabes. — **A. Réville.** Les Hérodes et le rêve hérodien. — **Phi lippe Berger.** Ernest Renan et la chaire d'hébreu au collège de Franc‹ — **L. Knappert.** De l'état actuel des études sur la mythologie germa nique. — **G. Dumoutier.** Une fête religieuse annamite au village d Phu-Dong (Tonkin). — **A. Audollent.** Bulletin archéologique de l religion romaine, année 1892. — **G. Bonnet-Maury.** Le Parlement d‹ religions à Chicago. — **A. Barth.** Bulletin des religions de l'Inde. I] Le Bouddhisme. — **P. Paris.** Bulletin archéologique de la religio grecque (novembre 1892-décembre 1893). — Revue des Livres. - Chronique. — Nouvelles et faits divers.

TOME XXIX

A. Réville. Les Hérodes et le rêve hérodien *(suite et fin)*. — **Ch. Pieper bring.** La réforme et le Code de Josias. — **G. Raynaud.** Les trois prin cipales divinités mexicaines : Quetzalcohuatl, Tezcatlipoca, Huitzilopo chtli. — **L. Knappert.** La vie de saint Gall et le paganisme germaniqu‹ — **J. Deramey.** La reine de Saba. — **A. Barth.** Bulletin des religion de l'Inde. III. Le Jainisme. L'Hindouisme. — **C. P. Tiele.** Une nou velle hypothèse sur l'antiquité de l'Avesta. — **G. de Blonay et L. de l Vallée-Poussin.** Contes bouddhiques traduits du Dhammapada :] Légende de Vidudabha. II. Histoire de la querelle religieuse à Koçamb. Vie retirée du Bouddha dans le parc aux éléphants. — Revue des Livre: — Chronique. — Nouvelles diverses. — Concours de l'Académie d‹ inscriptions. — Concours de l'Académie des sciences morales.

TOME XXX

E. Amélineau. Samuel de Qalamoun. — **C. Snouck Hurgronje.** Une nou velle biographie de Mohammed. — **X. Kœnig**. Essai sur l'évolution de l'idée de justice chez les prophètes hébreux. — **A. Foucher**. L'art bouddhique dans l'Inde. — **A. Audollent**. Bulletin archéologique de la religion romaine, année 1893. — **P. Oltramare**. Le dixième Congrès international des Orientalistes, Genève 1894. — **L. Marillier**. Une nouvelle philosophie de la religion. Le dernier ouvrage de M. Caird. — Nécrologie. — Revue des Livres. — Chronique.

TOME XXXI

Louis Léger. Études de mythologie slave. — **A. N. Rovers**. L'apocalypse johannique. — **J. Deramey**. Introduction et restauration du christianisme en Abyssinie. — **A. Réville**. Sur la traduction par saint Jérôme d'un passage de Jonas. — **P. Paris**. Bulletin archéologique de la religion grecque (1893-1894). — **G. de Blonay**. Histoire de Sanamkumâra, conte mâhârâstrî. — **A. Esmein**. Les élections épiscopales dans l'Église de France, du IXe au XIIe siècle, d'après M. Imbart de la Tour. — **A. Quentin**. La dernière publication du Dr A. Jérémias sur l'épopée d'Izdubar. — **Et. Coquerel**. Le Jésus de M. Renouvier. — **E. Blochet**. Textes religieux pehlvis. — **A. Millioud**. Histoire du couvent catholique de Kyotò. — **E. Monseur**. Notes de folklore à propos de l'épopée celtique de M. H. d'Arbois de Jubainville. — **I. Goldziher**. La Bordah du cheikh el-Bousîrî. — **E. Chassinat**. Le Livre second des Respirations. — Nécrologie. — Revue des Livres. — Chronique.

TOME XXXII

A. Laune. Lefèvre d'Etaples et la traduction française de la Bible. — **L. Marillier**. Du rôle de la psychologie dans les études de mythologie comparée. — **Ed. Montet**. Religion et superstition dans l'Amérique du Sud. — **J. Réville**. Érasme et Luther, esquisse d'histoire et de psychologie religieuses. — **E. Guimet**. Le Dieu d'Apulée. — **L. Massebieau**. L'épître de Jacques est-elle l'œuvre d'un chrétien. — **J. Philippe**. Lucrèce dans la théologie chrétienne du IIIe au XIIIe siècle et spécialement dans les écoles carolingiennes. **A. Audollent**. Bulletin archéologique de la religion romaine, année 1894. — **A. Millioud**. Histoire du couvent catholique de Kyòto *(suite et fin)*. — **J. Réville**. Un Congrès des religions à Paris en 1900. — **E. Blochet**. Textes pehlvis inédits relatifs à la religion mazdéenne. — **P. Regnaud**. Réponses à quelques objections. — Revue des Livres. — Chronique. — Concours de l'Académie des inscriptions.

TOME XXXIII

L. Léger. Études de mythologie slave : Svantovit et les dieux en *vit*. Les sources de la mythologie slave (1re partie). — **J. Philippe**. Lucrèce dan la théologie chrétienne du IIIe au XIIIe siècle et spécialement dans le écoles carolingiennes *(suite et fin)*. — **Fr. Macler**. Les apocalypses apocryphes de Daniel. — **Maurice Zeitlin**. Les divinités féminines du Capitole. — **P. Paris**. Bulletin archéologique de la religion grecque (décembr 1894 à décembre 1895). — **L. Marillier**. Une nouvelle philosophie d la religion *(suite et fin)*. — Revue des Livres. — Revue des périodiques — Chronique. — Nouvelles diverses.

TOME XXXIV

E. Chavannes. Les inscriptions chinoises de Bodh-Gayâ. — **L Knappert** Le christianisme et le paganisme dans l'histoire ecclésiastique de Bèd le vénérable. — **L. Ménard**. La symbolique des religions anciennes e modernes. Leurs rapports avec la civilisation. — **L. Feer**. Le pied du Bouddha. — **M. Mauss**. La religion et les origines du droit péna (1er art.). — **W. Wassilieff**. Le Bouddhisme dans son plein développement d'après les Vinayas. — **A. Audollent**. Bulletin archéologique de l religion romaine, année 1895. — Revue des Livres. — Revue des périodiques. — Chronique. — Nouvelles diverses.

TOME XXXV

Jivandji Jamshedji Modi. L'antiquité de l'Avesta. — **Marcel Mauss**. La religion et les origines du droit pénal *(suite et fin)*. — **L. Leger**. Le sources de la mythologie slave *(suite)*. — **A. Bouché-Leclercq**. Les précurseurs de l'astrologie grecque. — **G. Maspero**. La table d'offrande de tombeaux égyptiens (1er art.). — **I. Goldziher**. Du sens propre de expressions : Ombre de Dieu, khalife de Dieu, pour désigner les chef dans l'Islam. — **P. Paris**. Bulletin archéologique de la religion grecque années 1895-1896. — **E. Chavannes**. La première inscription chinois de Bodh-Gayâ. Réponse à M. Schlégel. — **D. Bruce**. Une récente controverse entre théologiens allemands sur l'origine de la Sainte-Cène. — Revue des Livres. — Revue des périodiques. — Chronique. — Congrè international des Orientalistes. — Congrès des sciences religieuses d Stockholm. — Prix décerné par l'Académie des inscriptions et belles lettres.

TOME XXXVI

G. Maspero. La table d'offrande des tombeaux égyptiens *(suite et fin)*. — **E. Aymonier**. Le Cambodge et ses monuments. — **A. Sabatier**. Un nouvelle vie de Jésus : le Jésus de Nazareth de M. Albert Réville. — **L. Marillier.** La place du Totémisme dans l'évolution religieuse, à propos d'un livre récent. — **E. de Faye.** Les « stromates » de Clément d'Alexandrie. — **L. Knappert.** La religion germanique d'après le dernier ouvrage de M. Golther. — **V. Scheil.** Choix de textes religieux assyriens. — **J. Réville.** La onzième session du Congrès international des Orientalistes. — **A. Aall.** Le Congrès des sciences religieuses de Stockholm. — **A. Réville.** Un essai de philosophie de l'histoire religieuse : introduction à la science de la religion, par C.-P. Tiele. — Revue des Livres. — Revue des périodiques. — Chronique. — Nouvelles diverses.

TOME XXXVII

C. Snouck Hurgronje. Le droit musulman. — **E. Blochet.** Le livre intitulé l'Ousamâ-i Islam. — **L. Léger.** Études sur la mythologie slave. — **L. Marillier.** La place du Totémisme dans l'évolution religieuse à propos d'un livre récent *(suite et fin)*. — **R. Dussaud.** Les visions d'Ezéchiel. — **J. Goldziher.** De l'ascétisme aux premiers temps de l'Islam. — **A. Audollent.** Bulletin archéologique de la Religion romaine, année 1896. — **A. Réville.** De Jesu Christo colloquium doctum. — **S. d'Oldenburg.** A propos du Mahâbhârata dans la littérature bouddhique. — Revue des livres. — Revue des périodiques. — Chronique. — Nouvelles diverses.

TOME XXXVIII

Goblet d'Alviella. Les rites de la moisson et les commencements de l'agriculture. — **E. Blochet.** Études sur l'histoire religieuse de l'Iran : I. De l'influence de la religion mazdéenne sur les croyances des peuples turcs. — **L. Léger.** Études de mythologie slave. Les divinités inférieures. — **G. Raynaud.** Le dieu aztec de la guerre (1re partie). — **N.-W. Thomas.** La survivance du culte totémique des animaux et les rites agraires dans le Pays de Galles. — **G. Dottin.** La religion des Gaulois, à propos du récent ouvrage de M. Alexandre Bertrand. — **L. Couve.** Bulletin archéologique de la Religion grecque, 1896-1897. — **A. Leclère.** Une version cambodgienne du jugement de Salomon. — **A. Rébelliau.** Bossuet et le Jansénisme. Réflexions à propos d'un livre récent de M. Ingold. — Revue des livres. — Revue des périodiques. — Chronique. — Nouvelles diverses.

TOME XXXIX

L, Léger. Études de mythologie slave *(suite)*. — **G. Renaud.** — Le dieu aztec de la guerre *(suite et fin)*. — **V. Bérard.** Les Phéniciens et l poèmes homériques. — **N. Soderblom.** Les Fravashis. Études sur l traces qui subsistent dans le mazdéisme d'une ancienne conception s la survivance des morts. — **A. Barth.** Bulletin des religions de l'Inde I. Védisme et ancien brahmanisme. — **A. Audollent.** Bulletin arché logique de la religion romaine. — Le Congrès international d'histoi des Religions en 1900. — Revue des livres. — Revue des périodique — Chronique. — Nouvelles diverses.

TOME XL

E. Blochet. Études sur l'histoire religieuse de l'Iran : II. Ascension au ci du prophète Mohammed. — **Dom J. Besse.** Les diverses sortes de moin en Orient avant le concile de Chalcédoine (451). — **E. Doutté.** Not sur l'Islâm maghrébin. Les Marabouts (1er art.). — **Isidore Lévy.** Neb Hadaran et Sérapis dans l'apologie du pseudo-Méliton. — **A. Barth.** Bu letin des religions de l'Inde : II. Brahmanisme. — **L. Marillier.** La do trine de la réincarnation des âmes et des dieux de l'ancienne Irland d'après des travaux récents de MM. A. Nutt, E. Hull et J.-L. Waston.- **A. Réville.** Un essai de philosophie de l'histoire religieuse. La deuxièn partie de l'introduction à la science de la religion, par C.-P. Tiele. - **J. Réville.** Le douzième Congrès international des Orientalistes. - Revue des livres. — Revue des périodiques. — Chronique. — Concou de l'Académie des inscriptions et belles-lettres.

TOME XLI

Maurice Courant. Sur le prétendu monothéisme des Chinois. — **E. Doutté** Notes sur l'Islâm maghrébin. Les Marabouts *(suite)*. — **L. Léger** Études de mythologie slave *(suite)*. — **C. Fossey.** La déesse Aurore. - **A.-Ed. Chaignet.** La philosophie des oracles, de Porphire. — **L. Léger** Svantovit et saint Vit. — **A. Barth.** Bulletin des religions de l'Inde : II Le Bouddhisme (1re partie). **A. Réville.** Un essai de philosophie d l'histoire religieuse. La deuxième partie de l'introduction, par C.-F Tiele *(suite et fin)*. — Revue des livres. — Revue des périodiques. - Chronique. — Concours académiques.

TOME XLII

L. Léger. Études sur la mythologie slave : L'idée de la mort et de la vi d'outre-tombe. Introduction à l'étude de la mythologie slave. — **E. Læt**

tia Moon Conard. Les idées des Indiens Algonquins relatives à la vie d'outre-tombe. — **E. Sénart**. Bouddhisme et Yoga. — **Salomon Reinach**. L'orphisme dans la IVe Églogue de Virgile. — **A. Sabatier**. La critique biblique et l'histoire des religions. — **A. Barth**. Bulletin des religions de l'Inde : III. Le Bouddhisme (2e partie). — **E. Doutté**. Notes additionnelles sur l'Islâm maghrébin. — **J. Réville**. Le Congrès international de l'histoire des religions (Paris, 3-8 septembre 1900). — **Max Müller**. Lettre au président du Congrès. — **A. Réville**. Discours d'ouverture du Congrès. — **Bonet-Maury**. Discours comme délégué de M. le ministre de l'Instruction publique au Congrès. — **A. de Gubernatis**. L'avenir de l'histoire des religions, discours prononcé à la séance de clôture du Congrès. — Revue des livres. — Revue des périodiques. — Chronique. — Concours académiques.

TOME XLIII

I. Goldziher. Islamisme et Parsisme. — **Goblet d'Alviella**. Des rapports historiques entre la religion et la morale. — **Fr. Cumont**. Zeus Stratios. — **E. Chavannes**. Le dieu du sol dans l'ancienne religion chinoise. — **Jean Capart**. La fête de frapper les Anou. — **Théophilus Pinches**. Observations sur la religion des Babyloniens deux mille ans avant Jésus-Christ. — **Ira Maurice Price**. Le panthéon de Goudea. — **J. Réville**. La situation actuelle de l'enseignement de l'histoire des religions. — **J. Tchikadzumi**. Coup d'œil sur l'histoire du bouddhisme au Japon au point de vue de la philosophie de l'histoire. — **Ryauon Fujishima**. L'état actuel du bouddhisme japonais. — **L. Marillier**. Le folkore et la science des religions. — **P. Reynaud**. Remarques sur le IXe mandata du Rig-Véda. — **V. Henry**. Bouddhisme et positivisme. — **G. Oppert**. Sur les Sâlagrâmas, pierres sacrées de l'Inde. — **H. Arakélian**. Le bâbisme en Perse. — **Minas Tchéraz**. La légende d'Alexandre-le-Grand chez les Arméniens. — **Maurice Vernes**. Notes sur les sanctuaires de la région chananéenne qui furent fréquentés concurremment par les Israélites et les nations voisines. — **Cl. Huart**. Sur les variations de certains dogmes de l'Islamisme aux trois premiers siècles de l'hégire. — Revue des livres. — Revue des périodiques. — Chronique.

TOME XLIV

Goblet d'Alviella. De l'emploi de la méthode comparative dans l'étude des phénomènes religieux. — **Raoul de la Grasserie**. Du rôle social du sacrifice religieux. — **George Foucart**. Sur le culte des statues funéraires dans l'ancienne Égypte : I. L'inventaire du temple de Kahoun et la statue royale de Dashour : II. Les statues de bois dans les hypogées de

Beni-Hassan. — **C. Piepenbring.** Les principes fondamentaux de l'ense gnement de Jésus. — **Fr. Conybeare.** Les sacrifices d'animaux dans l anciennes églises chrétiennes. — **Paul Oltramare.** L'évolutionisme l'histoire des religions. — **J. Toutain.** Note sur la méthode à suivre e mythologie grecque. — **Ed. Montet.** De la notion de divinité contenu dans les mots Elohim, Eloah, El et Jahewéh. — **G. Bonet-Maury.** Les pre miers témoignagnes de l'introduction du christianisme en Russie. — C **Raynaud.** Les nombres sacrés et les signes cunéiformes dans la moyenn Amérique précolombienne. — **C. Snouck Hurgronje.** Les confréries reli gieuses, la Mecque et le panislamisme. — **Léon Pineaud.** Hagbard e Signe. Une forme nordique du mythe de Jupiter et Danaé. — **P. Alphan déry.** Y a-t-il eu un averroïsme populaire au XIIIe et au XIVe siècle — **G.-H. Lugnet.** Hermann l'Allemand. — **J. Réville.** L'histoire des reli gions et les facultés de théologie, à propos d'une récente brochure d M. Ad. Harnack. — Nécrologie. — Revue des livres. — Revue des pério diques. — Chronique. — Prix académiques.

TOME XLV

Ed. Montet. — Les confréries religieuses de l'Islam marocain. — **M. Maust** L'enseignement de l'histoire des religions des peuples non civilisés à l'École des Hautes Études. Leçon d'ouverture. — **F. Picavet.** L'averroïsme et les averroïstes du XIIIe siècle, d'après le « De unitate intellectus contra averroïstas » de saint Thomas d'Aquin. — **J. Toutain.** La légende de Mithra étudiée surtout dans les bas-reliefs mithriaques. — **V. Bugiel.** Le démonologie du peuple polonais. — **I. Goldziher.** Nouvelles contributions à l'hagiologie de l'Islam. — **Eug. de Faye.** Introduction à l'histoire du gnosticisme au IIe et au IIIe siècle (1er article). — **Albert Réville.** C.-P. Tiele. — **A. Barth.** Bulletin des religions de l'Inde : Jaïnisme, hindouisme. — Lettre de M. de Wolf et Réponse de M. F. Picavet. — Lettre de M. W. Sieroszewski et réponse de M. V. Bugéal. — **Lazare Sainéan.** Les rites de la construction dans l'Europe orientale. — Revue des livres. — Chroniques.

TOME XLVI

A. Bouché-Ludercq. La politique religieuse de Ptolémée Soter et le culte de Sérapis. — **Eug. de Faye.** Introduction à l'étude du gnosticisme au IIe et au IIIe siècle. — **Ch. Renel.** L'arc-en-ciel dans la tradition religieuse de l'antiquité. — **Goblet d'Alviella.** De quelques problèmes relatifs aux mystères d'Eleusis. — **W. Sieroszewski.** Du chamanisme d'après les croyances des Yakoutes. — **Albert Réville.** La critique biblique et son introduction dans le clergé catholique français au XIXe siècle. — **A. Foucher** et **Cl. Huart**. Compte rendu du XIIIe congrès des orientalistes, à Hambourg. — Lettre de M. Carra de Vaux et réponse de M. R. Basset. Revue des livres. — Chroniques.

TOME XLVII

Goblet d'Alviella. De quelques problèmes relatifs aux mystères d'Eleusis. — **A. Guérinot**. La doctrine des êtres vivants dans la religion Jaïna. — **A. Nicolas**. A propos de deux manuscrits Babis. — **H. de Castries**. Une apologie de l'Islam par un sultan du Maroc. — **A. van Gennap**. Notes sur le Domovoï. — **F. Picavet**. Plotin et les mystères d'Eleusis. — **A.-O. Ivanowski**. Sur une traduction chinoise du recueil bouddhique jatakamâlâ. — **Eug. de Faye**. Introduction à l'histoire du gnosticisme. — **P.-C. Sensa**. Evangiles canoniques et apocryphes. — **A. van Gennep**. De l'emploi du mot **chamanisme**. — **C. Piepenbring**. Revue de périodiques. Judaïsme biblique. — Revue des livres. — Chroniques.

TOME XLVIII

J. Ebersolt. Essai sur Bérenger de Tours et la controverse sacramentelle au XIe siècle. — **Ch. Renel**. Le lion mithriaque insigne des légions romaines. — **R. de la Grasserie**. De la sexualité chez les divinités. — **Goblet d'Alviella**. Syllabus d'un cours sur les origines du christianisme d'après l'origine contemporaine. — **J. Toutain**. Bulletin archéologique de la religion grecque. — **A. Lods**. De quelques publications allemandes sur les rapports religieux de Babylone et du peuple d'Israël. — **G. Foucart**. Imtretep. — **N. Soderblam**. Notes sur les relations du judaïsme avec le parsisme, à propos de travaux récents. — Le second congrès international d'histoire des religions, à Bâle, en 1904. — Revue des livres. — Chroniques.

TOME XLIX

M. Revon. Le shinntoïsme. — **L. de Milloué**. Comparaison de quelques mythes relatifs à la naissance des dieux, des héros et des fondateurs de religions. — **P. Alphandéry**. Les derniers travaux de M. P. Sabatier sur l'histoire franciscaine. — Revue des livres. — Notices bibliographiques. — Chronique.

UNIVERSITÉS
BIBLIOTHÈQUES ET SOCIÉTÉS SAVANTES

EN RELATIONS D'ÉCHANGE

AVEC LE

MUSÉE GUIMET

PARIS. — Académie des inscriptions et belles-lettres.
— Société académique indo-chinoise de France.
— Société d'anthropologie.
— Société de linguistique.
— Cabinet des médailles à la Bibliothèque nationale.
— Département des manuscrits à la Bibliothèque nationale.
— Bibliothèque du Muséum d'histoire naturelle.
— Journal des savants.
— Ministère de l'Instruction publique (souscriptions).
— Bibliothèque de l'Université.
— Bibliothèque de l'Association pour l'encouragement des études grecques.
— Bibliothèque du Musée national du Louvre.
— Bibliothèque de l'École coloniale.
— M. le Préfet de la Seine (Bibliothèque populaire des 20 arrondissements.
— Bibliothèque de l'École d'anthropologie.
— Bibliothèque de l'École des langues orientales vivantes.

PARIS. — M. le Préfet de la Seine (Bibliothèque de la Préfecture).
— Bibliothèque du séminaire de Saint-Sulpice.
— Revue de géographie.
— Ministère de l'Instruction publique (Bibliothèque des Socié savantes).
— M. le Président du Conseil municipal (Bibliothèque du Consei
— Société de géographie.
— Revue de l'hypnotisme.
— Société asiatique.
LYON. — Académie des sciences, belles-lettres et arts.
SEMUR. — Société des sciences historiques et naturelles.
BEAUNE. — Société d'histoire, d'archéologie et de littérature.
AUTUN. — Société Eduenne des lettres, sciences et arts.
SENLIS. — Comité archéologique.
CAMBRAI. — Société d'émulation.
SAINTES. — Commission des monuments historiques.
BOURGES. — Société historique, littéraire, artistique et scientifique
CAHORS. — Société des études littéraires, scientifiques et artistiques.
SAINT-DIÉ. — Société philomathique vosgienne.
DIJON. — Académie des sciences, arts et belles-lettres.
ÉPINAL. — Société d'émulation du département des Vosges.
CHALON-SUR-SAÔNE. — Société d'histoire et d'archéologie.
AIX (Bouches-du-Rhône). — Académie des sciences, arts et belles-lettr
BELFORT. — Société belfortaine d'émulation.
MONTAUBAN. — Société archéologique.
SAINT-QUENTIN. — Société académique.
VENDÔME. — Société archéologique, scientifique et littéraire.
SAINT-JEAN-DE-MAURIENNE. — Société d'histoire et d'archéologie.
NEVERS. — Société nivernaise des lettres, sciences et arts.
DAX. — Société de Borda.
PAU. — Société des sciences, lettres et arts.
RODEZ. — Société des lettres, sciences et arts.
ALBI. — Société des sciences, arts et belles-lettres.
CAEN. — Académie des sciences, arts et belles-lettres.
NANCY. — Société d'archéologie lorraine et du musée historique.
BOULOGNE-SUR-MER. — Société académique.
BESANÇON. — Société d'émulation.
ANGOULÊME. — Société archéologique et historique.
NÎMES. — Académie des sciences, belles-lettres et arts.
ROUBAIX. — Société d'émulation.
BREST. — Société académique.
VERDUN. — Société philomathique.
NANCY. — Académie de Stanislas.
LAON. — Société académique.
DRAGUIGNAN. — Société d'études scientifiques et archéologiques.

Montbéliard. — Société d'émulation.
Chambéry. — Académie des sciences, belles-lettres et arts.
Brive. — Société scientifique, historique et archéologique.
Valence. — Société d'archéologie et de statistique.
Béziers. — Société archéologique, scientifique et littéraire.
Vesoul. — Société d'agriculture, sciences et arts.
Chateau-Thierry. — Société historique et archéologique.
Le Mans. — Société d'agriculture, sciences et arts.
Évreux. — Société d'agriculture, sciences, belles-lettres et arts.
Bayonne. — Société des sciences et arts.
Toulouse. — Académie des sciences, inscriptions et belles-lettres,
Tulle. — Société des lettres, sciences et arts.
Beauvais. — Société académique d'archéologie, sciences et arts.
La Rochelle. — Académie des belles-lettres, sciences et arts.
Vannes. — Société polymathique du Morbihan.
Angers. — Société nationale d'agriculture, sciences et arts.
Avesnes. — Société archéologique.
Valenciennes. — Société d'agriculture, sciences et arts.
Chalons-sur-Marne. — Société d'agriculture, commerce, sciences et arts.
Rennes. — Société archéologique.
Alais. — Société scientifique et littéraire.
Aix (Bouches-du-Rhône). — Bibliothèque Méjanes.
Périgueux. — Musée archéologique.
Lons-le-Saunier. — Société d'émulation.
Chalon-sur-Saône. — Bibliothèque municipale.
Lyon. — École normale d'instituteurs du Rhône.
Lyon. — Société d'enseignement professionnel.
Lyon. — Bibliothèques municipales populaires des 6 arrondissements.
La Rochelle. — Bibliothèque municipale.
Guéret. — Société des sciences naturelles et archéologiques.
Grenoble. — Académie delphinale.
Laval. — Bibliothèque municipale.
Montauban. — Académie des sciences, belles-lettres et arts.
Versailles. — Bibliothèque publique.
Saint-Cloud. — Bibliothèque de l'École normale supérieure.
Arras. — Bibliothèque de la ville.
La Roche-sur-Yon. — Bibliothèque publique.
Limoges. — Société Gay-Lussac.
Lyon. — Bibliothèque de la ville.
Rochechouart. — Société des Amis des sciences et arts.
Bar-le-Duc. — Bibliothèque de la ville.
Orléans. — Bibliothèque municipale.
Douai. — Bibliothèque de la ville.
Rouen. — Bibliothèque municipale.
Lyon. — Bibliothèque de l'Université.

Chartres. — Société archéologique.
Carpentras. — Bibliothèque et musée de la ville.
Saint-Étienne. — Société d'agriculture, industrie, sciences, arts et belles-lettres.
Lyon. — Société de géographie.
Poitiers. — Société des antiquaires de l'Ouest.
Romans. — Bulletin d'histoire ecclésiastique et d'archéologie.
Chambéry. — Bibliothèque municipale.
Bourg. — Société d'émulation.
Marseille. — Société de géographie.
Orléans. — Société archéologique et historique.
Amiens. — Société des antiquaires de Picardie.
Bordeaux. — Société archéologique.
Saint-Brieuc. — Société d'émulation des Côtes-du-Nord.
Breuil-Bois-Robert. — Bibliothèque scolaire.
Le Puy. — Bibliothèque publique de la ville.
Chateaudun. — Société dunoise d'archéologie, histoire, sciences et des arts.
Montbrison. — Société de la Diana.
Abbeville. — Société d'émulation.
Lyon. — Société d'anthropologie.
Dunkerque. — Société pour l'encouragement des sciences, des lettres et des arts.
Moulins. — Société d'émulation et des beaux-arts.
Auxerre. — Société des sciences historiques et naturelles.
Arras. — Commission départementale des monuments historiques.
Bar-le-Duc. — Société des lettres, sciences et arts.
Bordeaux. — Académie des sciences, belles-lettres et arts.
Montpellier. — Académie des sciences et lettres.
Orléans. — Société d'agriculture, sciences, belles-lettres et arts.
Toulouse. — Bibliothèque de l'Université.
Compiègne. — Société historique.
Lyon. — La revue l'« Université catholique ».

ALGÉRIE

Bône. — Académie d'Hippone.
Constantine. — Société archéologique.
Tlemcen. — Bibliothèque de la Médersa.
Alger. — Société historique algérienne.
Oran. — Société de géographie et d'archéologie.

INDO-CHINE

Hanoï. — Bibliothèque de l'École française d'Extrême-Orient.

ILE DE LA RÉUNION

SAINT-DENIS. — Société des sciences et arts.

TUNISIE

TUNIS. — Bibliothèque de la direction des antiquités et des arts.

ALLEMAGNE

DRESDE. — Société de géographie.
BERLIN. — Bibliothèque de l'Université royale.
MUNICH. — Bibliothèque royale.
BONN. — Société des antiquaires du Rhin.
HEIDELBERG. — Bibliothèque de l'Université.
LEIPZIG. — Bibliothèque de l'Université.
GÖTTINGEN. — Bibliothèque de l'Université.
MUNICH. — La Revue « die Orientalische Bibliographie ».
LEIPZIG. — La Revue « die Theologische Literaturzeitung ».
BONN. — Bibliothèque de l'Université.
BERLIN. — Société d'anthropologie.
BERLIN. — Académie royale des sciences de Prusse.
MUNICH. — Académie royale des sciences de Bavière.
HALLE-SUR-SAALE. — Société orientale allemande.
GÖTTINGEN. — Société royale des sciences.
BERLIN. — Bibliothèque royale.
STRASBOURG. — Bibliothèque de l'Université royale.
GÖRLITZ. — Société des sciences de la Haute-Lusace.
BERLIN. — Bibliothèque du Musée royal d'ethnographie.
DRESDE. — Bibliothèque du Musée royal d'ethnographie.

ÉTATS-UNIS D'AMÉRIQUE DU NORD

PHILADELPHIE. — Société de numismatique et d'archéologie.
WASHINGTON. — Bureau d'ethnologie américaine.
WORCESTER. — Bibliothèque de l'Université Clark.
NEW-HAVEN. — Société orientale américaine.
WASHINGTON. — Bibliothèque de l'Université catholique d'Amérique.
CHICAGO. — Académie des sciences.
CHICAGO. — Bibliothèque du musée Colombien.

PHILADELPHIE. — Bibliothèque publique.
WASHINGTON. — « Smithsonian Institution ».
WASHINGTON. — « United States Geological Survey ».
PHILADELPHIE. — Société philosophique américaine.
NEW-YORK. — Bibliothèque de l'Université de la Colombie.
BOSTON. — Académie américaine des arts et des sciences.
SAINT-LOUIS. — Académie des sciences.
NEW-HAVEN. — Académie des arts et des sciences du Connecticut.

ANGLETERRE

LONDRES. — Société royale asiatique.
OXFORD. — Bibliothèque de l'Institut indien.
EDIMBOURG. — Bibliothèque de l'Université royale.
LONDRES. — Société d'archéologie biblique.
OXFORD. — Bibliothèque of the Manchester College.
LONDRES. — Bibliothèque of the India Office.
EDIMBOURG. — Société des antiquaires d'Écosse.
LONDRES. — The Egypt Exploration Fund.
EDIMBOURG. — Société royale de géographie d'Écosse.
EDIMBOURG. — Société royale.

INDES ANGLAISES

BOMBAY. — Société royale asiatique.
COLOMBO. — Société royale asiatique.
CALCUTTA. — Société asiatique du Bengale.
BOMBAY. — « The Indian Antiquary ».

AUTRICHE

VIENNE. — Bibliothèque de l'Université.
VIENNE. — Bibliothèque impériale et royale.
VIENNE. — Académie impériale et royale des sciences.
VIENNE. — Bibliothèque du musée d'anthropologie et d'ethnographie.
GRATZ. — Bibliothèque de l'Université impériale et royale.
PRAGUE. — Société royale des sciences de Bohême.
INNSBRUCK. — Bibliothèque des Ferdinandeums.

BELGIQUE

BRUXELLES. — Bibliothèque royale de Belgique.

Gand. — Bibliothèque de l'Université de l'État.
Bruxelles. — Académie royale des sciences, des lettres et des beaux-arts.
Bruxelles. — Bibliothèque de la société des Bollandistes.
Louvain. — « Le Muséon ».
Louvain. — Bibliothèque de l'Université catholique.
Anvers. — Académie royale d'archéologie de Belgique.
Liège. — Bibliothèque de l'Université.
Bruxelles. — Bibliothèque des Musées royaux des arts décoratifs.

CANADA

Toronto. — Bibliothèque de l'Institut canadien.
Montréal. — Société de numismatique et d'archéologie.

DANEMARK

Copenhague. — Société royale des antiquaires du Nord.

ESPAGNE

Madrid. — Société de géographie.

ÉGYPTE

Guizeh. — Bibliothèque du musée.
Le Caire. — Bibliothèque de l'Institut égyptien.
Le Caire. — Société khédiviale de géographie.

GRÈCE

Athènes. — Bibliothèque nationale du gouvernement Hellénique.

HOLLANDE

Leyde. — Bibliothèque de l'Université.
Utrecht. — —
Amsterdam. — —
La Haye. — Institut royal des Indes hollandaises.
Amsterdam. — Société royale de géographie.
Leyde. — Bibliothèque du musée royal d'ethnographie.
Amsterdam. — Académie royale des sciences.

INDES HOLLANDAISES

BATAVIA. — Société des arts et des sciences.

HONGRIE

BUDAPEST. — Société hongroise de géographie.
BUDAPEST. — Bibliothèque du musée d'éthnographie.

ITALIE

MILAN. — Institut royal des sciences et des lettres de Lombardie.
NAPLES. — Bibliothèque royale nationale.
PALERME. — Bibliothèque royale nationale.
ROME. — Académie des conférences d'histoire juridique.
VENISE. — Bibliothèque nationale de Saint-Marc.
MILAN. — Bibliothèque ambrosienne.
TURIN. — Académie royale des sciences.
MILAN. — Bibliothèque nationale.
NAPLES. — Académie royale d'archéologie, lettres et beaux-arts.
ROME. — Bibliothèque apostolique du Vatican.
FLORENCE. — Société asiatique.
TURIN. — Bibliothèque nationale.
TURIN. — Bibliothèque de la ville.
ROME. — Société italienne de géographie.
ROME. — Académie royale des Linceï.
NAPLES. — Société africaine d'Italie.
ROME. — Bibliothèque royale Victor-Emmanuel.
ROME. — Commission d'archéologie.
ROME. — Société royale romaine d'Histoire-Patrie.
BOLOGNE. — Académie royale des sciences de l'Institut.

JAPON

TÔKIÔ. — Société d'anthropologie.
TÔKIÔ. — Bibliothèque de l'Université impériale.
TÔKIÔ. — Société allemande d'histoire naturelle et d'ethnographie.
YOKOHAMA. — Société asiatique du Japon.
TÔKIÔ. — Société de géographie.

PORTUGAL

Lisbonne. — Bibliothèque de S. M. le Roi.
Lisbonne. — Bibliothèque municipale.
Porto. — Bibliothèque municipale.
Porto. — Société Carlos Ribeiro.
Coimbre. — M. le Directeur de la revue « l'Institut ».
Lisbonne. — Société de géographie.
Lisbonne. — Académie royale des sciences.
Coimbre. — Bibliothèque de l'Université.

RUSSIE

Yourieff. — Bibliothèque de l'Université impériale.
Saint-Pétersbourg. — Académie impériale des sciences.
Kharkoff. — Bibliothèque de l'Université impériale.
Odessa. — Bibliothèque de l'Université impériale de la Nouvelle Russie.
Niéjine. — Bibliothèque de l'Institut d'histoire et de philologie.
Odessa. — Société des naturalistes de la Nouvelle-Russie.
Varsovie. — Bibliothèque de l'Université impériale.
Moscou. — Bibliothèque de l'Université impériale.
Moscou. — Société impériale des Amis des sciences (section d'ethnographie).
Vilna. — Commission impériale d'archéologie.
Vilna. — Bibliothèque publique.
Tomsk. — Bibliothèque de l'Université impériale.
Saint-Pétersbourg. — Société impériale de géographie.
Helsingfors. — Société des sciences de Finlande.
Irkoutsk. — Société impériale de géographie.

SUÈDE

Upsal. — Bibliothèque de la société royale des sciences.
Upsal. — Bibliothèque de l'Université royale.
Stockholm. — Bibliothèque de l'académie royale des belles-lettres, d'histoire et d'archéologie.

SUISSE

Genève. — Institut national Genevois.
Genève. — Société des arts.

GENÈVE. — Bibliothèque publique de la ville.
GENÈVE. — Société d'histoire et d'archéologie.
NEUCHATEL. — Société neuchâteloise de géographie.

TURQUIE

CONSTANTINOPLE. — Bibliothèque du musée impérial Ottoman.
JÉRUSALEM. — Bibliothèque de l'École biblique des Dominicains du couvent de Saint-Étienne.

CHARTRES. — IMPRIMERIE DURAND, RUE FULBERT.

CHARTRES. — IMPRIMERIE DURAND, RUE FULBERT

www.ingramcontent.com/pod-product-compliance
Ingram Content Group UK Ltd.
Pitfield, Milton Keynes, MK11 3LW, UK
UKHW020242250726
13967UKWH00004B/1489